YEDİVEREN

Okuma alışkanlığınız...

YEDİVEREN

Kitap Adı / Seni Anlıyorum Anne
Yazar Adı / Dilek Cesur
ISBN / 978-605-269-056-7
Tür / Aile-Çocuk Eğitimi
Yayın Yönetmeni / Gökhan Alperen Bayrak
Yayın Koordinatörü / Yiğit Recep Efe
Editör /Büşra Gülbent - Murat Dinçer
Kapak Tasarım / C. Kemal Yürekli
İç Tasarım / Burhan Maden
1.Baskı / Şubat 2019
7.Baskı / Temmuz 2020
Matbaa / Çalış Ofset
Matbaa Sertifika No: 45159
Davutpaşa Cd. Yılanlı Ayazma Sk. No: 8
Davutpaşa Topkapı-İstanbul Tel: 0212 482 1104

Yediveren Yayınları Eğitim Hiz. Tic. Ltd. Şti.
Ticaret Sicil No: 893116 Sertifika No: 29485
Şenlikköy Mahallesi, Şehit Muammer Yüzsüren Sokak
No:17 B Blok D: 2 Florya Bakırköy İSTANBUL
Tel: +90 212 506 13 84 / +90 212 506 13 85 / Fax: +90 212 506 13 86
www.yediveren.com.tr / info@yediveren.com.tr

DİLEK CESUR

Seni Anlıyorum Anne

YEDİVEREN

İçindekiler

"Sen evlat! Gönlümün, ruhumun merhemi...
Sağlıkla yanımda olduğun her gün sana
bütün sevgim ve merhametimle sarılacağım.
Seninle geçirdiğim her gün için Allah'a şükredeceğim.
Hayatımda olduğun her dakikanın kıymetini bileceğim ve
ben seni pişmanlıklarımla değil, iyiliklerimle seveceğim."

ANNEN...

Anneme...

Çocuğun olunca anlarsın demiştin; anladım anne!

Evladının ufak bir üzüntüsü ile anne yüreğinin yangın yerine nasıl döndüğünü,

Mutluluğu ile de cennetten nasıl bir bahçe oluverdiğini anladım anne.

Bir dokunuşun ruhuma katabileceği güzellikleri

Birinin gözlerinin içine bakarken durduk yere,

Kaygıdan mıdır, sevgiden midir anlayamadığım hangi duygudan,

Hıçkırıklarla neden ağlamak isteyebileceğimi anladım anne.

Duaların neden hep çocuklarımız için edildiğini,

Kılına zarar gelebilme ihtimalini düşünürken bile

İnsanın içine nasıl korku düşebileceğini,

Sadece mutlu olsun diye ne kadar emek verilebileceğini,

Ona gelen bana gelsin diye neden sürekli dua edildiğini anladım anne.

Uykusuz ve yorgun kaldığım her gecenin sonunda

Sırf o yanımda ve sağlıklı diye

Ondan gelen her zorluğu nasıl kocaman bir yürekle taşıyıp

Yaşadığım zorluklarla nasıl baş edebileceğimi anladım anne.

Kokusunu içime çektiğim an şükürlerin en büyüğüne nasıl vardığımı,

Tenlerimizin temas etmesiyle bile

Yüreğimdeki sonsuz huzurun verdiği mutluluğu

İliklerime kadar nasıl hissedebileceğimi anladım anne!

Aynadaki her lekeyi,

Ayağıma batan her oyuncağın verdiği acıyı,

Bir türlü temiz kalmayan halılarımı,

Kendime ayıramadığım her vaktimi

Sırf yavrumun varlığının bir belirtisi olmasından dolayı

Nasıl sevebileceğimi anladım anne.

Ben en çok da seni anladım anne;

Sana asilik yaptığımda nasıl kırıldığını,

Sana haber veremeyip geç kaldığımda nasıl merak ettiğini,

Arkadaşlarımı, dostlarımı neden bu kadar araştırdığını,

Okuluma neden sürekli gelip gittiğini,

Akşam ezanından sonra beni neden dışarıda bırakmadığını,

Ben sokakta oynarken işi gücü bırakıp neden başımda beklediğini,

İnsanlara güvenme, yabancılarla konuşma diye neden sürekli tembihlediğini,

Bizi büyütürken nasıl zorluklar çektiğini

Ve en önemlisi

Neden sebepsiz yere yüzüme bakıp bakıp ağladığını anladım anne...

Hepsi anneliktenmiş. Beni koruma içgüdündenmiş.

Hakkını helal et annem...

KIZIN...

Ama Annemin Kokusu Yok!

Çocukken hasta olduğumda annem hemen kasaba gider, bana bonfile alırdı. O bonfile zenginlikten alınmıyordu. Bu anaların en iyisini yedirme çabası yok mu? Tam da bu duygudan dolayı! Yoksa bir maaşla altı nüfusa bonfile almak ne mümkün!

O zaman mahalle kasaplarında veresiye diye bir şey vardı. Her ay alınan maaşla veresiye defterinde biriken borç ödenirdi. Anacağızım o bonfileyi güzelce tuzlar, tost makinesinde ızgara yapardı. Midem bulanmasın diye yağda özellikle pişirmezdi. Benim annem çok pimpirikli bir kadındır. Ateşli olduğum zamanlar da hiç uyumazdı. Yaşıyor muyum diye gece uyanır uyanır kalbimi dinlerdi! Nereden mi biliyorum? Çünkü bunu yaparken ben hep uyanırdım. Kafası bir süre göğsümde kalır, sonra *"Şükür."* der, kafasını geri yastığına koyardı.

O zamanlar bu yaptığı bana çok anlamsız gelirdi. Şimdi seni anlıyorum annem! Ateşli evladının yanında neden rahat uyku çekilemediğini, anne kalbinin nasıl korkuyla attığını, hastalık anında nasıl yüreğinin yandığını anlıyorum annem! Annem, ben hastayken hep yanıma yatardı. Kokusunu içime çekerdim; nasıl mutlu olur, huzur bulurdum. Ailemden ilk defa çalışma hayatına başlayınca ayrı kaldım. Bir gün çok hasta oldum, yatıyorum. Arkadaşlarım ilgileniyor sağ olsunlar. Ama yetmiyor! Annemin tuzlu bonfilesini istiyorum, kokusunu istiyorum. Göğsümde bir kafa, yaşıyor muyum diye kalbimi dinlesin istiyorum. Ve anlıyorum ki üç yaşında da olsan, kırk yaşında da olsan her şeye tek ilaç ana kokusu, ana yemeği, ana nefesi! Kendimi o kadar garip, o kadar mutsuz hissetmiştim ki babamı arayıp: *"Ben çok hastayım, annemin kokusunu alamadan iyileşemiyorum."* demiştim. Babam üç dört saat sonra annem ile birlikte yanımdaydı. Annemi görünce o kadar garipsedim ki! Boynuna sarılıp hıçkıra hıçkıra ağladım. Annem ağlıyor, ben ağlıyorum! Ben bu kadar ağlayınca arkadaşlarım kendilerini çok kötü hissettiler. Sanki onlar bana bakamamışlar gibi aileme karşı mahcup oldular.

"Teyze aslında biz çorba yaptık, ilaç da verdik ama senin bir bonfilen varmış, biz senin gibi yapamazmışız, o yüzden böyle ağlıyor." dediler. Annem birden gülmeye başladı. Tabii herkes bastı kahkahayı!

Ben o gece annemin kokusunu çeke çeke uyudum. Yatmadan önce de dedim ki: *"Arada başını göğsüme koy, yaşıyor muyum diye kalbimi dinle, olur mu?"*

"Olur, seni koca dana!" dedi. Sarıldık, uyuduk...

İlk Annelik Serüvenim

Nasıl karşılamam gerektiğini bilmediğim bir misafir gibiydi annelik ya da hiç bilmediğin bir ülkeyi keşfetmek gibi… Daha önce hiç anne olmamıştım ki. Nasıl bir şey olduğunu nereden bilebilirdim? Hiçbir tecrübem yoktu. Ama hiç kaygılanmadım biliyor musunuz? Belki kendi başımın çaresine bakmak zorunda olmam kaygılanmama bile engel olmuştu. Hem kaygılansam ne olacak! Neticede doğumdan on gün sonra yardım eden kimsem olmayacaktı. Annem ağabeylerimin çocuklarına bakıyordu. *"Onları bırak gel."* diye nasıl derdim? Onların anneme daha çok ihtiyacı vardı. *"Ben hallederim anne! Okulda yirmi beş tane çocuğa bakıyorum. Evde bir tanesine mi bakamayacağım?"* diyerek annemi hep telkin ederdim. Anne yüreği işte aklı hep bende kalırdı.

İşin aslı kendi yeğenlerimin bile bebekken öz bakımlarını yapamazdım. Hatta bir keresinde yeğenim altına büyük tuvaletini yapmıştı. Değiştirebilmem ne mümkün! Annem yok! Babam cenazede! Cenaze evi yakındı. Hemen babamı aradım.

Yazık, adamcağız gelip temizlemişti. (Bunu yazarken şu an çok utandım.) Bebekken üstlerini bile değiştiremezdim. Bir yerlerine bir şey olacak diye çekinirdim. Şimdi ise her şeyi ile ilgilenmem gereken bir yavruya sahip olacaktım.

Bu derin ve güzel duygularla boğuşurken o büyük gün geldi, çattı. Sancılarım başladı. Doktor, o beklenen haberi verdi. Doğum başlamış! Önce beni eve gönderdi. *"Sancıların sıklaşınca gelirsin."* dedi. Ne olacaktı bilmiyordum. Yavaş yavaş sancılar yokluyordu. Önce saçlarımı balıksırtı ördüm. Sonra da makyaj yaptım. O sırada doğum için yanımda bekleyen yengem yanıma geldi ve sordu:

- Ne yapıyorsun?

- Saçlarımı örüyorum.

- Neden?

- E, doğumda kötü mü gözükeyim? Bak, makyaj da yaptım. Doğumdan sonra fotoğraf çekersin.

- Ah safım benim! Başına geleceklerden habersiz! Kıyamam sana! Yap yap makyajını yap! Tabii ya çirkin olmaman lazım! Dokuz aydır beklediğin misafir geliyor, seni çirkin mi görsün?

- Dalga geçme yenge ya! Ben öyle salkım saçak doğum yapan kadınlar gibi olmayacağım. Kadın dediğin doğumda bile bakımlı olmalı.

Hâlâ düşünüyorum o gün ne yedim acaba? Yürek yemiş gibiyim baksanıza. Yengem konuşmaya devam etti:

- Haklısın yengecim. Asla olmayacaksın. Hatta bak bence kuaföre gidelim. Fön filan çektirirsin.

- Ayyy evet ya! Neden düşünemedim ben bunu?

Yengem *"Kuaför diyor ya!"* deyip güle güle yanımdan gitti. Kadın üç tane doğum yapmış, dalgasını geçiyor benimle. Laf aramızda ciddi ciddi düşünmeye başlamıştım acaba kuaföre gitsem mi diye. Allah'tan aklıma uyup gitmemişim. Kesin orada doğururmuşum. Sonra haberlere konu olurdum herhâlde. *"Flaş Flaş Flaş! Kuaförde fön çektiren kadın, fön koltuğunda doğurdu!"*

Sancılar sıklaşınca bir anda dünyam döndü. Saçları yapılı, makyajlı, doğum sancısı çeken, körpe anne adayı ben önce saçımı bozdum.

- Boz yengeeeee, saçımı bozzzz, enseme batıyorrrr!

Kadın bana gülse mi, acısa mı bilemedi.

- Bozma Dilekçiğim, daha fotoğraf çekeceğiz, diye az dalga geçmedi benimle.

Ne saçım kaldı ne de makyajım. Arkadaş ne makyaj yapıyorsun? Biri de demiyor ki kızım makyajla doğuma girilmez. Hatta oje bile sürecektim de sonra düşündüm ki ölüm var, kalım var. Olur da ölürüm doğumda. Bir de ojemi temizlemek için uğraşmasınlar. Her şeyi akıl etmişim de bir makyajın akabileceğini akıl edememişim. Ağzım burnum birbirine girdi. Gözümün altına akan rimeller, o şiş suratla beni gerçekten salkım saçak olmaktan kurtarmıştı! Doğumdan sonra aynaya ilk baktığımda gördüğüm manzara beni dehşete düşürmüştü. Suratım kızamık çıkarmış gibiydi. Makyaj da birbirine girmiş. Neyse en az yirmi kişi görmüştür beni böyle. Doktoru, ebesi, yengesi... Bu kısmı size de dalga konusu olmamak adına kısa geçiyorum. Kendime o kadar söz vermeme rağmen son anlarda o kadar bağırdım ki! Eşim dışarıda kahrolmuş.

Ve ardından kucağıma verilen minik bir yavru...

İlk düşüncem neydi, biliyor musunuz?

"ÇOKKKK ÇİRKİN! BUNU BEN Mİ DOĞURDUM?"

Ne bekliyordum acaba? Çocuk dokuz ay karnımda suda yaşamış. Buruş buruş olacak tabii. Pulları parıl parıl parlayan balık mı bekliyordum? Galiba! Ama yavrumun kokusunu içime çektiğim, teninin tenime değdiği, sesini ilk duyduğum, gözlerinin içine baktığım ilk an var ya... Rabb'im içimde öyle bir aşk oluşturdu ki... Ne anlatılır ne yaşatılır.

Dost Önerisi: Sakın doğuma girerken makyaj yapmayın. Hele siyah kalem, rimel asla sürmeyin. Lastik toka ile saçınızı güzelce toplayın. Muz toka ile de sakın toplamayın. Sürekli beyninize batan taş hissi uyandırıyor. Pijamanız mutlaka düğmeli olsun. Bir de enerjisi yüksek, uykuya dayanıklı biri ile doğuma gidin. Yoksa refakatçinizi sizin yatağınızda yatarken, kendinizi de koltuk üstünde oturup çocuğa bakarken bulabilirsiniz. ☺

Eşim ile kan gruplarımızdaki uyuşmazlıktan kaynaklı olarak Kerem ile on gün hastanede kaldık. Sarılık oldu ve atlatamadı. O on gün boyunca ne olduğunu, ne olduğumu hiç anlayamadım. Anne mi oldum? Bu çocuk benim mi? Neyse ki onuncu gün evimizdeydik. Ama ben hâlâ çocuğuma tam adapte olamamıştım. Emzirip altını değiştirmem en az iki saat. Tam emzirmeye başlıyorum. Hooppp bir ses, bir koku. Mübarek çocuk, bir bekle, karnın doysun. Daha emerken kakasını yapardı. Neyse hemen pişik olmasın diye değiştiriyorum, bu sefer de kusuyor. Haydaaa! Şimdi bir de üstünü değiştirmem gerekiyor. Üstünü değiştirip bir daha emzirmeye alıyorum. Yine aynı şeyler. Emiyor, tuvaletini yapıyor, kusuyor. Yahu bu döngü hiç bitmez mi?

Cahillik ne zor arkadaş! Allah'tan bir komşumuz bir gün uyardı beni. *"Kızım emsin o güzelce, o arada tuvaletini de yapar. Hatta emzirdikten sonra biraz bekle, emdiği süt midesine yerleşsin, tuvaletini de bitirmiş olur. Beş on dakikadan bir şey olmaz."* Allah razı olsun o teyzemden. Beni büyük bir kısır döngüden kurtardı.

O ara bir de *"Lohusalık Depresyonu"* ile tanıştım. Ne gıcık bir şeymiş yahu. Durmadan ağlıyorum, sanki hayatım hep böyle geçecek gibi geldi. Emzir, alt değiştir, üstünü değiştir, kusmuk kok, gaz çıkarsın diye bekle, göğüs yaraları ile uğraş, her söyleneni yap… Bu arada bir de depresyona gir! Eğer sen de şu an bu duyguları yaşıyorsan merak etme, geçiyor! İleride anabileceğin tatlı bir hatıra olarak kalıyor. Hatta şu an hiç yaşanmamış gibi geliyor. Çabuk büyüsünler diye gözlerinin içine bakarken şimdi bebek hâllerini çok özlüyorum.

Dipnot: Lohusalık döneminde kendini çok mutsuz hissediyorsan ve kesinlikle hiçbir şeyden tatmin olamıyorsan işte bu noktada mutlaka bir uzman yardımı almalısın.

Anacığım geldi hemen aklıma. Beş doğum yapmış, biri doğumdan sonra ölmüş. Hiç görmedim onu diyor, görmek istemedim. Önceden merak ederdim hep neden görmek istemedi diye. Ama şimdi anlıyorum. O gözlere bir kere bakılır da bir daha vazgeçilir mi? Çocuğunu kaybetmiş, beş doğum yapmış, dördünü de kısıtlı imkânlar içerisinde büyütmeye çalışmış. Ahhh annem, sen hep derdin *"ANNE OLUNCA ANLARSIN!"* Anladım annem, anlamaz mıyım? Evlat ne demek, o kadar iyi anladım ki. Hemen helallik istedim. Doğum yapmak bile başlı başına büyük bir olay iken bir de doğan çocuğun bakımı… Hepsi ne büyük fedakârlık…

Anneler Çocuklarını Kendinden Daha mı Çok Düşünür Abla?

Kucağıma alıp daha kokusunu bile içime çekemeden ayrıldım yavrumla. Evlat ile sınanmak çok farklı bir duygu... Çocuğun bir günlük de olsa on yaşında da olsa aynı duyguları yaşıyor insan.

Kerem hastanede yatarken bir gün çay içmek için aşağıya indim. Hava buz gibi! Ocak ayı. O kadar farklı duygular içindeydim ki sinirlerim çok bozulmuştu. Kerem'in bir türlü sarılığı geçmiyordu. Oturdum bir banka, ağlamaya başladım. Artık o kadar gerilmişim ki hıçkıra hıçkıra ağlıyorum. Yanıma biri geldi, oturdu.

- Merhaba abla, oturabilir miyim?

Başımı salladım.

- Tabii ki oturabilirsin.

- Ağlamanıza dayanamadım. Yanınıza gelmek istedim.

O an kafamı kaldırıp yanımda oturan kişinin suratına baktım. Ağzında maskesi olan yirmi yirmi beş yaşlarında genç bir kız. Grip olduğunu düşündüm. Başında renkli şapka ve boynunda fuşya renkli atkı, üstünde turuncu bir mont vardı. Saçları da kesin mordur diye geçirdim içimden.

- Çok ağlıyordun, dayanamadım. Belki konuşur rahatlarsın diye düşündüm. Sevdiğin birini mi kaybettin abla?

Hastane kapısında oturup ağlayan birine de bu soru sorulur tabii!

- Hayır. Oğlum biraz hasta, o yüzden ağlıyorum. Yeni doğum yaptım da. Bebeğim üç günlük daha. Ama sarılığı var, sürekli ışık altında tutuyorlar.

- İlk çocuğun mu abla?

- Evet canım.

- Evladın üç günlük de olsa, otuz yaşına gelmiş de olsa annelerin içi hep aynı yanıyor galiba. Annem de benim için çok ağlıyor. *ANNELER ÇOCUKLARINI KENDİNDEN DAHA MI ÇOK DÜŞÜNÜR ABLA?*

Bilmem, öyle mi olurdu? Daha üç günlük bir anneydim. Hiç böyle bir şey aklıma gelmemişti. Sonra o an Kerem'e bir şey olduğunu ve onu kaybettiğimi düşündüm. Allah'ım tarifsiz bir acı kapladı yüreğimi.

- Evet, dedim. Daha çok düşünür. Hatta öyle ki rahmine düştüğü andan itibaren kendinden daha fazla düşünmeye başlar bile. Hamile olduğunu öğrendiğin andan itibaren onun için yaşamaya başlarsın.

Yanımdaki genç kızın sesi hiç çıkmadı. Bir süre sessizlik oldu. Başım önde olduğu için kızın hiçbir ayrıntısına dikkat etmedim. Adını sormak geldi aklıma...

- Neslihan, dedi.

Sonra yine bir sessizlik...

- Abla o zaman annem de beni kendinden çok düşünüyordur, değil mi?

Bu soru kafamı karıştırdı. Kafamı kaldırıp Neslihan'ın suratına baktım. Gözünden bir damla yaş süzülmüş. Soğuktandır herhâlde diye düşündüm.

- Evet, tabii ki. Bütün anneler evladını kendinden çok düşünür. Neden sordun ki?

- Ben çok hastayım abla. Beş senedir tedavi görüyorum. Annemin beni kendisinden çok düşüneceğini hiç düşünmemiştim. Sen üç günlük yavruna bu kadar ağlıyorken annemin bana içi nasıl yanıyordur acaba? Sizin hastalığınızın dermanı var ama benimki dermansız. Ben öleceğime üzülmüyorum da arkamda kalanların, özellikle annemin buna nasıl dayanacağını düşündükçe kahroluyorum. Bir anneyi ne teselli eder ki abla?

Neslihan'ın bu beklemediğim sözleri beni şok etti. Hani böyle nutku tutulur ya insanın, ne diyeceğimi bilemedim. Boş boş yüzüne baktığımı hatırlıyorum.

- Ben öleceğime üzülmüyorum artık. Kabul ettim. Hem hastalığımın bana kattığı çok şey oldu. Hayatta hiçbir şeyin insanı üzecek kadar önemli olmadığını anladım. Beni şu an üzen tek şey arkamda kalacak olanlar. Babam yok benim. Biz üç kardeşiz; en büyükleri benim.

Bir an aklımdan yanımda oturan kızın insanların duygularını kullanan bir dolandırıcı olduğu geçti. O duygu ile kızın yüzüne bir daha baktığımda suratında kocaman bir üzüntü bulutu gördüm ve düşündüğüm şeyden utanç duydum.

- Dur bakalım ya! Nereye gidiyorsun? Daha çok gençsin. Mücadeleye devam. Böyle pes etmek yok.

Sarıldım birden ona. Gözyaşları akmaya başladı Neslihan'ın. Çok güçlü bir kızdı. Hemen gözyaşlarını sildi. Konuşmaya devam etti.

- Çok direndim abla. Ama sona geldim, biliyorum. Bana telefon numaranı verir misin? Sana sonra bir şeyler yazmak istiyorum.

Bir an tereddüt ettim ama verdim. Gitmem gerekiyor abla dedi ve numaramı alıp yanımdan ayrıldı. Öylece kaldım orada. Az önce yaşadıklarım gerçek miydi yoksa hayal mi gördüm? Bir an bir boşluğa düştüm. Günlerdir uykusuzdum, belki de hayal görmüştüm. Bomboş duygular içinde odaya geri çıktım. Kerem'i kucağıma aldım ve düşündüm: Sahi Kerem'e bir şey olursa beni ne teselli ederdi? Hiçbir şey!

Aradan birkaç gün geçti. Hâlâ hastanedeyiz. Bir mesaj geldi.

"Abla merhaba, ben Neslihan. Annemi neyin teselli edeceğini buldum. KARDEŞLERİM! Sen o gün bankta ağlarken ben senin evladını kaybettiğini düşündüm nedense. Annem gibi ağlıyordun. Yanına gelip teselli etmek istedim seni. Ama sen bana 'Anneler çocuklarını kendinden çok düşünür.' diye söyleyince içime bir ateş düştü. Sen üç günlük oğlun iyileşecekken bu kadar gözyaşı döküyorsan benim anneciğim ne yapsın diye düşündüm. Senden bir şey rica edebilir miyim? Bana bir şey olursa anneme 'Neslihan'ın vasiyeti var. Kardeşlerim için annem ayakta kalsın. Kendini benimle birlikte toprağın altına gömmesin. Kardeşlerime tutunsun ve sakın vazgeçmesin. Anneler evlatlarını kendinden çok düşünürmüş. Lütfen geride kalan kardeşlerimi benden çok düşünsün, dedi.' der misin?

Adres: ....

Sen çok içli bir annesin ve her hâlinden belli, duyarlı bir kadınsın. Yoksa bana neden numaranı veresin? Annemin hâlini anlarsın. Belli ki görmüş geçirmişsin de. Bizim etrafımızda cahil insan çok. Kimse anneme bunları anlatamaz. Allah'a emanet ol abla. Allah seni yavruna, yavrunu da sana bağışlasın."

Hemen mesaj atan numarayı aradım. Ama telefon kapalı. Kötü bir şaka mı bu! Yüreğim buz kesti bir an. İki gün sonra hastaneden çıktık. Birkaç gün geçti. Bir daha hiç mesaj atan da olmadı arayan da. Ben birkaç defa daha bana mesaj atan numarayı aradım ama telefon kapalı.

Aradan on gün geçti. Kerem de ben de toparlandık. Eşime dedim ki *"Hadi bu adrese gidiyoruz. Bu bir oyunsa bile benim içim rahat etmiş olur, değilse Neslihan'ı görmüş oluruz."*

"Tamam" dedi. Kalktık, gittik.

Evi bulduk, kapıyı çaldık. Tek katlı derme çatma bir ev. İçeri girdik. Yoğun bir is ve rutubet kokusu vardı. Kimse bize kimsiniz diye sormadı. Çok ilginç gelmişti. Kapıyı açan kadın bizi direkt içeri aldı. İki kanepe, bir sobanın olduğu bir odaya girdik. Kanepede yatan bir kadın, gözleri belli belirsiz açık...

- Merhaba, ben Neslihan'ın arkadaşıyım.

Herkesin başı öne eğildi. Kanepede yatan kadın, başını kaldırıp bana baktı ve çığlıkla bağırmaya başladı.

- Gittiiiiiiiiii... Neslihan'ım gittiiiiiii...

O an o kadar kötü oldum ki! Tereddüt ederek geldiğim evde bana anlatılanların doğru olduğu gerçeği ile yüzleşmek beni kahretti. O an anladım ki benim kabul edemediğim anlatılanlar değilmiş. Neslihan'ın ölecek olma ihtimaliymiş.

Bir anne! Yüreği yangın yeri! Gözyaşlarıma hâkim oldum. Kimsenin o an o evde benim gözyaşlarıma ihtiyacı yoktu. Bütün metanetimle o annenin sakinleşmesini bekledim. Gözyaşları yavaşlayınca yanına oturdum, elini tuttum.

- Teyzeciğim, başınız sağ olsun.

Kadın gözlerini tavana dikti. Fısıltı şeklinde sadece şu kelimeyi tekrarlıyordu: "GİTTİ..."

- Neslihan'ın vasiyeti var teyzeciğim. Eğer beni biraz dinleyecek gücün varsa seninle konuşmak istiyorum.

Anne birden doğruldu.

- Sen kimsin?

- Ben, Neslihan ile bir gün hastanede tanıştım. Benim de bir oğlum var. Oğlum için gözyaşı dökerken Neslihan yanıma geldi. Ölüm onu hiç korkutmuyordu. Onun tek derdi sendin ve bana bir vasiyet bıraktı.

Anneye mesajı okuyacak gücüm yoktu. Gözyaşlarıma hâkim olamamaktan korktum. Kadın hadi söyle der gibi yüzüme sabırsızlıkla bakıyordu. Mesajı açtım ve anneye okuttum. Hıçkırıklara boğularak okudu mesajı, telefonuma evladına sarılır gibi sarıldı, bağrına bastı.

O bağırışları, o acıyı hayatım boyunca unutmayacağım...

- Benim melek yavrum, cennet kokulum, herkesi kendinden çok düşünürdü, ben nasıl tutanayım kuzummmmm?..

- Bak teyze. Neslihan melek oldu, sizinle kavuşacağı günü bekliyor. Neslihan'ın ruhunun rahat etmesini istiyorsan tutunmak zorundasın. Burada boynu bükük iki yavrun var. Eğer sen vazgeçersen bu yavrularını da diri diri toprağa gömersin. Evinden bir değil, üç yavrunun cenazesi kalkmış olur.

Anne beni sessizce dinledi. Biliyorum o an söylediklerim çok boş. Ama bu istek yavrusundan geldiği için yüreğine işledi, biliyorum.

Sessizce kalktım. Lohusa olduğum için mi bilmiyorum, içim buz tutmuş gibiydi. Hani doktorlar ölüm haberini yakınlarına verirken çok metanetli olurlar ya. Nedense hiçbir duygu hissetmiyordum. Hatta içimde bir rahatlama oldu. Sanki bu görev bana farklı bir güç tarafından verilmişti de görevi gerçekleştirince rahatlamıştım.

Oradan uzaklaşırken hep şunu düşündüm. *"Acaba evladımı hep kendimden çok düşünebilecek miyim? Ya dünyanın tatlı telaşına dalıp evladımı ihmal edersem? Ya bu dengeyi kuramazsam? Ya iyi bir anne olamazsam?"* Bunları düşünmeyen anne yoktur. Zaman zaman kendimi çok sorguladığım oldu.

Neslihan'ı hiç unutmadım. Neslihan'ın annesi ile yıllar içinde hep görüşme imkânım oldu. Baba alkolikmiş ve yıllar önce ailesini bırakıp başka bir kadınla gitmiş. Anne birçok imkânsızlık içinde evlatlarına sahip çıkmış. Asla evlatlarından sevgisini esirgememiş. Aile bağları o kadar kuvvetliydi ki. Buna her evlerine gittiğimde şahit olurdum ve anladım ki aile içinde sevgi bağları ne kadar kuvvetli olursa aile bireyleri o kadar birbirini düşünüyor. Aile içinde yaşadığımız sorunları yine aile içindeki sevgi bağı ile çözebiliyormuşuz. Babamız ya da annemiz bizi terk etmiş bile olsa bizimle kalanın sevgisi onun yarasını sarıyormuş. İllaki kalpte bir boşluk vardır ama sadece boşluk olarak kalıyormuş. *ANLADIM Kİ EVLATLAR DA AİLELERİNİ KENDİNDEN ÇOK DÜŞÜNÜYORMUŞ.* Gönlümüzde ne kadar kırgınlık olursa olsun bir çocuk, annesini, babasını asla üzmek istemiyormuş. Son nefesimizde bile yine ailemizin mutluluğu geliyormuş aklımıza.

Sevgi ile evlatlarının yaralarını saran bu değerli anne, çocuklarına babalarının yokluğunu yaşatmamış. Anladım ki her sorun sevgiyle aşılıyormuş. Bazen biriken işler, hayatın verdiği farklı yorgunluklar, başkalarının üzerimizde kurduğu baskılar ne çok yara açıyormuş ailemizde. Neslihan'ın annesi hem kulağını kapatmış geçmişe hem gözlerini hem de dilini. Ona büyük bir üzüntü bırakıp giden babanın verdiği acıyı ne görmüş ne duymuş ne de dillendirmiş.

Neden şuyumuz yok, buyumuz yok diye düşünmeden önce nelere sahibiz diye bakmalıyız. *"Kocam beni terk etti; ben öldüm, bittim."* demek de bir tercihtir; *"Allah sağlık versin, bugünleri de aşarız."* demek de. Üstelik bir de evladının acısı ile sınanmak... Şükran teyze çok güçlü bir kadın. Hayatım boyunca o kadın gibi bir anne olacağım. Kendime çok büyük sözüm var. On dakika ile hayatıma giren Neslihan ve onun annesi, benim hayata ve çocuklarıma bakış açımı ciddi anlamda etkilemiş iki insandır. Neslihan'ı rahmetle, annesini saygıyla anıyorum.

ŞİMDİ DÜŞÜNÜYORUM DA GERÇEKTEN EVLADIMI KENDİMDEN ÇOK DÜŞÜNÜYORUM.

Yeni Doğan Bebek Ne İster?

Kendini güvende hissetmek ister.

Her ağladığında kucağa alınmak ister.

Annesinin kokusunu hep duymak ister.

Ağladığında yalnız olmadığını, onu koruyan kollayan birileri olduğunu anlamak ister.

Dünya hayatına alışırken ailesinden sabır ve şefkat ister.

Her uyandığında doyurulmak ister.

Zamanında altı değişsin, konforu bozulmasın ister.

Lohusa Kadın Ne İster?

Doğumdan kalan kiloları hakkında konuşulmasın ister.

Dünyanın en güzel annesi olduğunu, insanların bunu sürekli hatırlatmasını ister.

Eve her gelenin akıl vermemesini ister.

Bol sütü olsun, bebeği emsin ister.

Başı kalabalık olmasın, işe yarayacak bir tane insan olsun ister.

Çocuğunu kimse elini yıkamadan ellemesin ve kesinlikle öpmesin ister. (Yeni doğanları öpmeyelim.)

Eve gelenlerin ev işlerini yapmasını ister.

Bebeği kolik olmasın ister.

Eşinden hep yardım, ilgi ve sevgi ister.

Diğerleri Ne İster?

Babalar deliksiz uyku ister.

Babaanne; oğluna benzesin, kız doğduysa kendi adı konsun, anneanneden çok babaanneyi sevsin, lohusa gelinine kendi annesi baksın ister.

Anneanne; kayınvalidenin adı konmasın, çocuğun ismini kızı koysun, babaanneden çok kendini sevsin, kızıma bakmıyor en azından bari bir işin ucundan tutsun ister. (Şaka yaptım şaka! Anneanneler, babaanneler candır.)

Dedeler torunlarını sakalını, bıyığını batırmadan öpmek ister!

Daha önce anne olanlar akıl vermek ister.

Büyükler kendi sözleri dinlensin ister. Neticede kaç çocuk büyütmüş!

Kulak Asmamanız Gerekenler ya da Kulağından Asmanız Gerekenler

"Normal doğum değil mi! Keşke normal olsaydı..."

"Aslında normal doğumdu da! Tam kafası çıkarken fantezi olsun diye kestirip aldırdım." diyesi geliyor insanın, susuyorsunuz. Susmayın ama! Onların sizin moralinizi bozmasına izin vermeyin. Bunu kendinizde bir eksiklikmiş gibi görüp karalar bağlamayın. Anne oldun sen anne! Ne şekilde olduğunun önemi var mı güzel anne? Şunu unutmayın; tamam, her kadın normal doğum yapmak ister. Ben sizi anlıyorum. Ama sezaryen olması dünyanın sonu mu? Yiğit yarım saat daha doğmasaydı doktor beni de sezaryene almak zorunda kalacaktı. Ama ben o an ne şekilde doğuracağıma değil, çocuğuma sağlıkla kavuşmaya odaklanmıştım. Önemli olan kavuşmak...

Herkesin bu dünyada bir nasibi vardır. Senin ve yavrunun nasibi de buymuş. Önemli olan sizin sağlıkla buluşmanız. Sağlıkla buluşamayan melek anneler için durum daha üst mertebelerde tabii. (Çocuğunu kaybetmiş annelerin affına sığınıyorum.) Önemli olan ne olursa olsun, ne yaşanırsa yaşansın ALLAH'tan geldiğini bilmek. Yaşadığımız olaylardaki rahmeti görmek. Sezaryen olmuş, normal olmuş önemli değil. Önemli olan çocuğunuzu sağlıkla kucağınıza almanız. Ayrıntılara takılmayın. Yavrunuza sonsuz sevgiyle sarılın sadece. Her çocuğun bir kaderi vardır. Hamileliklerinde çok sağlıklı beslenen, normal yollarla doğum yapan, çocuğuna çok iyi bakan birçok annenin çocuğu da hasta olacaksa oluyor. Ben böyle örnekleri iki yaşında lösemi teşhisi ile onkoloji bölümünde yatan yeğenimin yattığı hastanede çok gördüm.

Lütfen bu anlamda moralinizi bozacak olan enerji emicilerine kulak asmayalım, kulağından asalım.

"Sütün gelmiyor mu? Bol bol bulgur ile soğan ye. Hoşaf iç, hoşaf. Bol bol süt yapar."

Tabii ya! Ye soğanı bol bol, herkes kaçsın yanından. Zaten lohusa! Bütün bunalımlar ruhuna birikmiş. İçsin hoşafları löp löp, alsın gereksiz kiloları! Tabii yağlar kilo olarak sana tavsiye verene değil, senin vücuduna birikiyor. Söylemesi kolay! Sütünüzün olması için bol bol yemek yemek ve karbonhidratlı yiyecekler tüketmek sadece gereksiz kilo almanızı sağlar. Önemli olan bol su tüketimi ve dengeli beslenmektir. Ha bir de o süt geliyorsa geliyor, gelmiyorsa gelmiyor. Sen ne yaparsan yap olmayacaksa olmuyor.

Şimdi en azından destekleyici mamalar var. Bir de annelerimizin neslini düşünsenize. Benim teyzem hiç emmemiş. Anneannem de unu kavurur kavurur, yedirirmiş. Teyzemi Allah korumuş diyorum. Çünkü teyzem dört aylıkken bağırsakları düğümlenmiş. Annem öyle diyor. Neticede teyzem un kavurmasından dolayı ölümden dönmüş. Şu an altmış yaşında ve herhangi bir sağlık sorunu da yok çok şükür. Bir nesil un kavurması ile büyümüş, emmeyen çocuklar ya da sütü gelmeyen anneler için mama gibi bir nimet var en azından. Ama tabii dualarımız inşallah bol bol süt gelmesi ve çocuklarımızın emmesinden yana.

Neticede olmuyorsa olmuyor güzel annem. Sen sütüm gelmiyor diye kendini yıpratırken aslında duygusal olarak çöküntüye uğruyorsun. Belki bu çöküntüden dolayı çocuğun ile en güzel anlarını kaçırıyorsun. Olduğu kadar, olmadığı kader diyelim. Emziremeyen anneleri sevgiyle öpelim.

"Ağlarsa sakın kucağına alma, sonra kucağa alışır."

Hiç bilmediğin bir ülkeye gittiğini düşün. Kimseyi tanımıyorsun. Herkes yabancı. İklimi sizin yaşadığınız ülkeye hiç benzemiyor. İnsanları, yemesi, içmesi, giydikleri her şey çok farklı... Kendinizi güvende hissetmek için gözleriniz hemen sizden birini arar. Bir Türk'e rastlasanız hazine bulmuş gibi sevinirsiniz. Sen hiç bilmediğin bir yerde bu kadar tedirginken yeni doğmuş bir bebek nasıl korkmaz, nasıl tedirgin olmaz? Üstelik siz gibi konuşamaz, derdini anlatamaz. Tek bildiği ağlamak ve ağlayarak derdini anlatmaya çalışmak. Siz onu kollarınıza aldığınız an kendini güvende hisseder bu yavru. Emniyette olduğunu bilir ve huzura kavuşur. Ama siz onu kucağınıza almazsanız çocuk kendini güvende hissedemez. Kaygıları ve korkuları artar. Aranızdaki güvenli bağlanma ile ilgili sorunlar yaşamaya başlarsınız. Korkmayın! Alın kucağınıza yavrunuzu. Ana kokusunu alsın yavrucak, bu kokudan mahrum etmeyin onu. Üç beş ay sonra siz isteseniz de kucağınıza gelmeyecek, dünyayı keşfetmek için yılan gibi kıvrılıp inecektir kucağınızdan.

"Kırkının içinde sakın yalnız kalma."

Aslında güzel bir âdet. Çünkü yeni doğum yapmış birinin duygusal ve fiziksel yardıma ihtiyacı var. Lohusa bir kadının ortalama kırk gün içinde kendini topladığını düşünürsek yanında birinin olması güzel bir destek. Ama yalnız kalınca da bizi kimse çarpmıyor, al basmıyor veya bebeğimizi üç harfliler kaçırmıyor. Dua edin, Allah'a sığının. Ben iki doğumumda da yalnızdım. Bir hafta sonra yanımdaki herkes firar etti. Hiç aklıma öyle şeyler gelmedi. Beni al falan basmadı, çocuğumu kaçıran da olmadı. Anı yaşayın yavrunuzla, tadını çıkarın.

O dönemde her başım sıkıştığında yardımıma koşan Seda, İpek ve Selvet dostlarıma teşekkür etmesem olmaz. Cansınız…

Günler Geçiyor...

Birkaç ay sonra yavaş yavaş alışmaya başladım. Gaz problemlerimiz de bitti. Artık rutine girip depresyondan da kurtulmaya başladım. Yaşasın annelik! Yahu evimize ne büyük neşe ne büyük mutluluk geldi. Severken içime geri sokasım geliyordu, sonra doğumu düşünüp vazgeçiyordum. J Meğerse evlat ne büyük aşkmış. Ama yine de bir daha çocuk sahibi olmayı hiiiiiç düşünmüyordum. Doğumdan çıkınca *"Bir kadın bir kere doğum yapar da nasıl ikinciyi doğurur? Aklını yitirmiş bunlar."* demiştim. Ebe de bana *"Senin gibi konuşanlar hep birkaç yıl sonra buraya doğum için geri geliyor."* diyerek çok gülmüştü.

İlk zamanlar her anne gibi korumacı bir tavrım olsa da genelde rahat davrandım. Her şeyi oluruna bıraktım. Genelde rahat bir insanımdır. Hayat bana hep planlamadığım sürprizler yaşattığı için planlama yapmayı ve kurallar çerçevesinde yaşamayı bırakalı çok olmuştu zaten. Anne ve baba olarak tek amacımız yavrumuzun dünya hayatına uyum sağlama sürecine sevgi, sabır ve şefkatle destek olmaktı.

Uyku saati ve beslenmesi on günden sonra düzene girdi. Bir bebek hemşiresi uyarmıştı beni. *"On günden sonra beslemek için bebeği uyandırma. O acıktığı zaman kendiliğinden uyanır."* Hemşireyi dinledim. Gerçekten de acıktığı zaman iki üç saatte bir otomatik uyanıyordu. (Ama uzun saatler uyanmıyorsa yine de doktorunuza danışın.) Süt ve emzirme ile ilgili sorunlarımız on günden sonra bitti. Benim süt salgılanmaması gibi bir sorunum yoktu. Hatta aşırı süt salgılanıyordu. Annem hep dalga geçerdi, *"Sen inek olsaydın sütten ne para kazandırdık!"* diye!

Kerem'in emdiğinden ne olur, sarılıktan gözünü açamıyor ki yavrucak. Biraz çekiyor, sonra uyuyakalıyordu. Göğüslerim ramazan davulu gibi olmuştu. Biri ezkaza çarpsa patlayacak. Hastanede yatarken sağar sağar, sütü olmayan annelere verirdim. Bilmem kaç çocuğun sütannesiyim. Ebeye sorardım, kız bebeğe verecekseniz haberim olsun diye. Yıllarca sütkardeş ile evlenilmez diye duyduk, öğrendik. Allah'tan hep erkek denk geldi. Düşünsenize yıllar sonra Kerem sütkardeşine âşık olur ve biz Kerem'e *"Hayır, siz evlenemezsiniz! Çünkü sütkardeşsiniz!"* dediğimizı. İki dakikada Türk sinemasına çevirdim olayı. Kötü kaynana oluverdim hemen.

Neyse, ne diyordum? Günler geçti. Artık birbirimize tam anlamı ile alıştık. Bu arada altı aylıkken ilk dişi çıktı. İki ay içinde sorunsuz olarak sekiz diş çıkardık. Kerem'in biraz biti kanlanmaya başlayınca yatağını ayıralım diye düşündük. Yatak yanı beşiğini ayırdık, korkuluğunu taktık. Aynı odada yatmaya devam ediyoruz, sadece yatağı bizden bağımsızlaştı.

Güvenli Bağlanma Nedir?

Çocuklar dünyaya geldiklerinde sudan çıkmış balık gibidir. İçinde bulunduğu konforlu hayattan çıkar ve birden her işini kendi yapmaya başlar. Anne karnında hayat güzel; ekmek elden su gölden. Sıcaklık yerinde, yemek hazır, gaz sorunu yok, tuvalet sorunu yok! Dünyaya gelir, ne olduğunu anlayamaz! Sağa bakar, sola bakar, bir de ciğerini yakan o ilk nefesi alınca birden haykırır: *"Aloooo burası neresi, kim bozdu benim konforumu? Çabuk beni geldiğim yere geri gönderin!"* Bu cümleler o ilk ağlamanın tercüme edilmiş hâlidir. Sonra bakar geri dönüş yok, en iyisi yeni düzene uyum sağlayayım, der. Tam o sırada anne kucağına verilir. Yavrum o ana kokusunu içine çeker. Ondan sonra rahatlar. Bir de meme ile buluştu mu güven duygusu oluşmaya başladı demektir. Nasıl olsa başında ilk kakayı bekleyen on kişi var. Tuvalet sorunu da halledildiyse işler tamamdır. Kuzucuğun ihtiyaçları karşılandıkça psikolojik olarak rahatlar, kendini güvende hisseder. Anlar ki onu dünyada bekleyen koruyucu bir melek var.

Güvenli bağlanmanın anne ile çocuk arasında ilk iki yıl içinde oluşması gerekir. Çocuk önce annesine sonra hayata ve nasıl yaşaması gerektiğine bağlanır. Çocuklarımızın bütün hayatını etkileyen bu kritik dönemde hassas davranılmalıdır. Güvenli bağlanma dönemini sağlıklı geçiren çocuklar hayata her zaman sıkı sıkı bağlanır ve karşılaştığı sorunlarda daha çözüm odaklı davranır.

Bebek ile anne arasındaki bu bağın kuvvetli bir şekilde kurulması için ortalama iki yaşına kadar aynı odayı paylaşmak önemlidir. Çünkü bu dönemde çocuğun ihtiyaçları hızlı bir şekilde karşılanmalıdır. Bebek gece uyandığı an annesinin kokusunu hemen almalıdır. Ama anneden önce babanın kokusunu da alsa fena olmaz. Çocuklarım doğduktan sonra ilk iki ay gece uyurken bebeğin beşiğinin olduğu tarafa eşimi yatırırdım. Bir de duygu sömürüsü yapardım: *"Aşkım ben artık yorgunluktan gözümü açamıyorum. Sen bebek uyanınca al, bana ver. O sırada bekle belki uyuyakalırım. Sonra emince geri yerine koyarsın."* Yazık, adam korkudan iki ay bu işkenceye dayandı. Hiç uyur muyum ben? Cin gibiyim! Ama azıcık onun da konforu bozulsun, değil mi?

Şaka bir yana gerçekten uyuyakalıyordum. O yüzden eşim bir süre bizimle birlikte uyandı. Ama biliyorum ki birçok baba bunu yapmıyor. Çocuk sadece anneye değil, babaya da bağlanmalı! Baba da aynı hızla sorunlara çözüm olmalıdır. Çocuk hem anneye hem babaya güvenmelidir. Çocukların 2 yaşına kadar odaları ayrılmamalıdır. Çocuğun yatağının anne veya babaya bir kol mesafesi uzaklıkta olması gerekir. Bir yaşındaki çocuğun odasını ayırmak doğru bir hareket değildir. İki yaşına kadar çocuğun farklı bir odaya değil, anne ve babasına ihtiyacı vardır. Çocuk başka bir odada yattığı zaman üstelik onu duymayabilirsiniz. Gerçi Allah kadını öyle bir yaratıyor ki tam ben gözümü sebepsiz yere açardım, birkaç dakika sonra Kerem uyanırdı. Allah anneyi bu kurulu nizama hazırlıyor. Ama yine de insanlık hâli işte.

Güvenli bağlanmanın temel kuralı -anlattığım gibi- çocuğun ihtiyaçlarının hızla giderilmesi ve ağladığı zamanlar da kucağa alınmasıdır. Çocuğunuz ağladığında kucağınıza almaktan çekinmeyin; çocuk, anne ya da baba ile kucaklaşınca hemen huzura kavuşacaktır. Fiziksel bir acı yoksa çocuğun ağlaması bu dönemde normal karşılanır. "Kucağına alma, alışır veya şımarır." sözlerine sakın kulak asmayın.

Çocuk bu dönemde ağlayarak kendini ifade eder. Çocukların bağımlı ve şımarık davranmaları kucağa alınmaktan dolayı değil, tutarsız davranmaktan dolayı oluşur. Çocuğunuzu aman kucağa alışmasın diye asla dakikalarca ağlatmayın. Sebep ne olursa olsun lütfen buna çok dikkat edin. Çocuğunuzu kucağınıza alırken tereddüt etmeyin. Birbirinize doya doya sarılın ve sevin.

Bu arada çocuğa anne ve baba dışında kim bakıyorsa o da aynı hassasiyet ile çocuğuna yaklaşsın ki çocuk ona bakan herkese güvenebilsin. Güvenli bağlanma sadece anne ile kurulacak diye bir algıya kapılmayalım. Çocuk kiminle kalıyorsa yani onunla kim ilgileniyorsa ihtiyaçlarına çok hızlı cevap vererek, sevgisini ve ilgisini her an göstererek, bol bol sarılıp öperek güvenli bağlanmayı sağlamalıdır.

Oğlum On Dört Yaşında, Biz Bu Güvenli Bağlanmayı Başaramadık

"G*eç mi kaldık hocam?*" diye sordu bir gün biri... Aranızda aynı soruyu kendine soran var mı? Yaşadığım bu olayı sizinle paylaşmak istiyorum.

Bir gün bir anne bana yazdı. Çok küçük yaşta evlendirilmiş ve kayınvalide ile yaşamak zorunda kalmış. Eşinden ve eşinin ailesinden çok eziyet görmüş. O da bütün hırsını hep çocuğundan çıkarmış. Çocuk şimdi on dört yaşında ve annesi ile arasında hiçbir bağ yok. Anne yaptığı hatanın farkında ama çaresiz ve nasıl düzelteceğini bilemiyor.

Var mı bir yol hocam, dedi.

- Tabii ki var. Olmaz mı? Çocuklar ailelerini affetmeye her zaman hazırdır. Ama sen kendini affettirmeye hazır mısın?

- Hazırım tabii hocam. Sen bana bir yol göster. Ben her şeye hazırım.

- O zaman sen şimdi bir dedektif olacaksın. Çocuğun nelerden hoşlanır, en sevdiği arkadaşı kim, nerelerde vakit geçirir, ilgi alanları ne? Bunların hepsini tespit et. Sonra bu tespitler doğrultusunda onun hoşuna gidecek bir hediye al.

Benim annem bana çok hediye alan bir insan değildi. Ergenlik zamanlarımdı sanırım. Bana bir tane kazak almış. Hediye paketi içinde odama koymuştu. Belki inanmayacaksınız ama annemden aldığım ilk hediyeydi. Kendimi o kadar değerli hissetmiştim ki! Şimdi çocuklarımıza durmadan bir şeyler aldığımız için onlar hediye almanın mutluluğunu maalesef bizim kadar derinden yaşayamıyor. Çok alıp bıktırmamak, az alıp aratmamak lazım! Neyse konumuza dönelim.

- İlk iş ona hediye vermekle başla. Yatağının başına hediyeyi koy ve üzerine şöyle bir not yaz: *"Bu yakışıklı erkekten bir randevu koparma şansım var mı?"* Sonra beni gelişmelere göre geri ara.

- Tamam hocam, dedi.

Merakla beklemeye başladım. Anne bana bir gazla yazmış olabilir, vazgeçmiş olabilir, başaramamış olabilir. Aradan günler geçti, aklım o annede! Acaba ne yaptı? Tam umudumu kaybettiğim bir gün anne bana destan yazmış. Onun izni ile aynen aktarıyorum.

"Hocam işe önce kocayı boşamaya karar vermekle başladım. Oğlum ile konuşurken baktım babası oğlumun ilgi alanına girmiyor, evimizde mutsuzluk kaynağı! Tamam, dedim. Eğer oğlumun hobileri arasında babası yoksa boşa gitsin! (Baba

alkolik, sürekli anne ve oğluna şiddet uyguluyor.) Sonra bir iş buldum kendime, inşallah haftaya başlayacağım. Bir bankada çay ve temizlik işlerine bakacağım. Babam öleli beş sene oldu. Annem yalnız yaşıyor. Oğlumun da fikrini alarak oğlum ile birlikte anamın evine yerleştim. Annemin evi iki oda, bir salon. Annem zaten hep salonda yatar. Kolumda bir bilezik vardı, sattım onu da oğluma bir oda aldım. Oğlum kendi evimizde bir tane bardak kaldırmamıştır. Ama bir haftadır benimle her yere koşuyor. Baba önce itiraz etti bu sürece ama evden iki boğaz eksildi diye sonra mutlu bile oldu. Oğlum akşamları odasından hiç çıkmazdı ama şimdi benimle birlikte salonda oturmaya başladı. Ne oldu biliyor musunuz hocam? Bana iki gün önce teşekkür etti. 'Beni o cehennemden kurtardığın için teşekkür ederim anne.' dedi ve sarıldı bana. Ben ne zaman ona sarılmak istesem hep başından kovardı. 'Offf anne ya!' derdi. Şimdi geldi, kendi isteği ile sarıldı. Nasıl mutluyum, anlatamam! Dün gece dediğinizi yaptım, ona bir hediye aldım. O uyurken yatağının başına koydum. Üzerine de sizin notunuzu yazdım. Benim oğlan sabahları erkenden kalkar, okuluna gider. Normalde o giderken hiç kalkmazdım. Çünkü o kadar erken saatte kahvaltı yapmayı sevmiyor. Bugün sabah erkenden kalktım; vereceği tepkiyi çok merak ediyordum. Oturdum koltuğa, uyanmasını bekledim. Heyecandan kalbim güm güm atıyor. Giyinmiş bir şekilde odasından çıktı, çantası sırtında yüzüme baktı ve sadece 'Günaydın anne. Ben çıkıyorum.' dedi. O kadar moralim bozuldu ki! Onu kapıdan uğurladım, acaba hediyeyi görmedi mi diye odasına girdim. Paket hiç açılmamış, bıraktığım yerde duruyor. Görmemesi mümkün değil. Çocuğum beni hiç affetmeyecek diye ağlamaya başladım. Yatağına oturdum. Tam o sırada gözüm sehpanın üzerinde duran hediyenin üzerine bırakılmış farklı bir kâğıda ilişti. Üzerinde 'Akşam beşte okulun kapısının önünde buluşabiliriz güzel bayan. Dipnot: Hediyeni ellerinden almak istiyorum.' Hocam siz bana dünya hayatında cenneti verdiniz. Bana umut oldunuz, yürek oldunuz, baştan başlama inancı oldunuz. Birkaç cümlenizle cesaret alarak başladığım bu yolda kendi hayatımı kendime hediye ettim ben. Biz bugün oğlumla saatlerce sohbet ettik. Benim gözümde küçük bir yavruydu o. Meğerse o kocaman yürekli bir delikanlıymış. Özür diledim oğlumdan, sarıldık, ağladık. Birbirimize sözler verdik. Dediğiniz gibiymiş hocam. HİÇBİR ŞEY İÇİN GEÇ DEĞİLDİR."

Hatice bana *"Kocamı boşama kararı verdim."* deyince eyvah dedim. Sen ne yaptın Dilek? Yuva yıktın resmen. Kendimi o kadar kötü hissetim ki. Amacım asla bir yuvayı yıkmak olamaz elbet. Ama Hatice'nin bana kurduğu şu cümle *"Hocam eşim yıllarca beni ve oğlumu dövdü. Şimdi de oğlumu okuldan almak istiyor. Çalış, eve para getir, diyor. Siz sebep değilsiniz bu evliliğin bitmesine. Geç alınmış bir karar. Ben yıllarca babasız çocuk büyütmekten korktum. Ama anladım ki babamızın varlığı yokluğundan daha zarar."* içimi bir nebze rahatlattı. Ben bu mesajı gözyaşları içinde okudum. Birkaç cümle ile bir hayatın nasıl değiştiğini görmenin verdiği mutluluğu sizlere anlatamam. Bir evladın yüreğine dolaylı yollarla bile dokunmak nasıl bir haz, bunun tarifi yok. Hatice, yavrusunun yüreğine dokunabilmeyi başarmıştı.

Çocuğunuz kaç yaşında olursa olsun bozulmuş bir ilişkiniz varsa asla umudunuzu kaybetmeyin. Sabır ve inançla düzeltilmeyecek hiçbir şey yoktur. Hepinizin işi Hatice kadar kolay ilerlemeyebilir. Hatice benim hiç tahmin etmediğim kararlarla hayatına yön verdi. Çocuğunun kalbini kazanmayı başardı. Çocuğunuz belki affetmek için size karşı dirençli davranabilir. Siz onun alanları içinde kalmaya devam edin. İlgi duyduklarına ilgi duyun, en sevdiği arkadaşının ailesini yemeğe çağırın (Hem arkadaşlarının aileleri hakkında fikir sahibi de olursunuz.), onun sevdiklerini sevin. Aralarda çocuğunuzun hayatı ve kararları ile ilgili hoşunuza gitmeyen şeyler çıkabilir ama aranızda bir bağ kurulur, ilişkileriniz düzelirse evladınıza doğru olanı anlatmak daha kolay olur. Onun ilgi alanlarına girmezseniz nerede hata yapabileceğini de kestiremezsiniz. Çocuklar kalbini güvendiği insanlara açarlar. Her şeyi size anlatması için sizin onun anne ve babası olmanız yetmez. Eğer arada korku ve güvensizlik varsa çocuğunuz hep kapalı bir kutu olacaktır. Biri ona kötü davranacaktır; susacaktır. Biri onu taciz edecektir; susacaktır. Biri onu madde bağımlılığına sürükleyecektir; yine susacaktır. Hep susacaktır çünkü daha önce bir paylaşımı olmamıştır sizinle.

Bakın burada yaş faktörü önemli değil; çocuğunuz üç yaşında da olsa, yirmi üç yaşında da olsa eğer sizi güvenmiyorsa problemlerini ya kendi çözmeye çalışacaktır ya da bunun çözümünü farklı insanlarda arayacaktır. Çocuğunuza yapmış olduğu hatalardan dolayı sürekli tepki verirseniz belli bir süre sonra sizinle paylaşmamaya başlayacak ve yalana başvuracaktır.

Mesela ana sınıfına giden bir çocuk okuldan eve oyuncak getirdiğinde ona bu davranışın neden yapılmaması gerektiğini insani değerler içerisinde anlatmazsanız ve aşırı tepki verirseniz çocuk korku ile bu davranışı yapmayacaktır. Ama ilerleyen yaşlarda biri onu hırsızlığa teşvik etmek istediği zaman da büyük olasılıkla reddetmeyecektir. Çünkü aile ile aradaki bağ sarsılmış ve çocuğa bu davranışın neden yapılmaması gerektiği konusunda içselleştirme sağlanamamıştır.

Mesela bilgisayarda veya telefonda oynadığı oyunları arada birlikte oynamayı teklif edin ki denetleme imkânınız olabilsin. Eşinizle bile ne kadar ortak noktanız varsa o kadar iyi anlaşırsınız. Çocuklarınızın sizin hayatınıza dâhil olmasını beklemeyin. Ancak siz onların hayatına dâhil olursanız çocuklarınızı kendi hayatınıza dâhil edebilirsiniz.

Çocuklarınızın doğdukları andan itibaren sizinle kurmak istediği her türlü iletişime açık olun. O yüzden ilk doğduğu zamanlar hızlı bir şekilde kucağınıza alın diyoruz, ihtiyaçlarını hızlı şekilde karşılayın, biraz büyüdükçe asiliklerine karşı sabırlı olun, konuştuğu zaman dinleyin, hatalı olduğunu düşünseniz bile şiddetle değil, demokratik yollarla çözüm bulun diye. Aileye güvenle bağlanmak çok önemlidir dostlar. Hayatta güvendiğin bir ailen yoksa her şey bir kara delik demektir. Her an biri yutabilir seni.

Sürpriz Bebek Geliyor!

Yatağımızı ilk ayırdığımızda kararlı bir şekilde geceleri uyanıyor, emziriyor, geri yatağına koyuyordum. Huzursuz değildi. Uykuya dalmada ve gece uykularında sıkıntı olmadı. Yeni düzenimize alıştık. Artık benim için de işler daha kolay bir hâl almıştı. İlk çocukta anne ne kadar çocuk gelişimi konusunda eğitimli olursa olsun yine de bocalıyor. Bebeğin hayatınızda oluşturduğu farklılıklara alışmak gerçekten zaman alıyor. Ama o hiç bitmez diye düşündüğünüz günler geçiyor.

Kerem tam on aylıkken âdet günümün geçtiğini fark ettim. Emzirdiğim için düzenli âdet olamıyordum. Yine öyle bir durum olduğunu düşündüm ama yine de bir test aldım. Eşim testi getirdi. Mutfakta yemek yapıyordum. O biraz heyecanlı; hadi yap testi diye ısrar ediyor. Ben hiç kondurmuyorum ya, o yüzden rahatım. Neyse onun ısrarına dayanamadım, testi yaptım. Yaptım ama hiç bakmıyorum bile! Ellerimi yıkadım, kuruladım. Testi atmak için elimi uzattım. ÇİFT ÇİZGİİİİ... Şok oldum. ABDURRAHMANNNNNNN diye bir bağırışım var, sanırsın ki parmağım koptu. Evde kayınvalidem ve görümcem de var. Eşim panikle yanıma geldi, çıkardı beni banyodan ama nasıl ağlıyorum. Öyle böyle değil. Adam şok oldu tabii. Sevinsin mi, üzülsün mü bilemedi. Beni sakinleştirmeye çalışıyor *"Tamam, istemezsen dünyaya getirmezsin. Ne olur ağlama!"* diye ama nafile, kendimi sakinleştiremiyorum. Daha on aylık bir bebeğim var ve ben hamileyim. Sonra eşim salona gitti. Kayınvalidem, görümcem olayı anlamadılar tabii. Kadıncağız hemen eşime bağırmış *"Ne yaptın kıza?"* Artık nasıl ağlıyorsam kadın demiş ki ya biri öldü ya da oğlum karısını aldattı ve Dilek de onu yakaladı. Eşim durumu anlatınca yanıma geldi, sarıldı *"Merak etme kızım, birlikte büyütürüz."* dedi.

Eskişehirliyim ben. Ailem orada yaşıyor ama biz Gebze'deyiz. Kimsemin olmayışı hep içimi burkmuştur. Kayınvalidem öyle söyleyince güç aldım, sakinleştim. Ertesi gün kalktığımda bütün dudaklarım patlamıştı. Stresten her yerde uçuk çıkmış. Hazırlandım, hemen doktora gittik. Doktorumu görünce yeniden ağlamaya başladım. Yazık, o da beni teselli etmek için bayağı uğraştı. Altı haftalık hamileydim. Birkaç gün düşündüm nasıl olur, nasıl yaparım diye. Ama aldırmak aklımın ucundan bile geçmedi. Allah vermiş onu bana, ben nasıl kıyabilirim ki? Kerem'i üç aylık kontrolü için doktora götürdüğümde bir kadınla tanışmıştım. Hamile olduğumu öğrenince ilk o kadının anlattıkları geldi aklıma...

İyi ki Aldırmamışım, Hayatım Boyunca Kendimi Affetmezdim

Kerem'in üç aylık kontrolüne gittiğimizde kapıda beklerken yanıma bir bayan oturdu. Kız kardeşi olduğunu sonradan öğrendiğim bir bayanı sakinleştirmeye çalışıyordu. Aramızda sohbet başladı. Kadınlar hep kaynaşıktır. İlla yanındakine laf atmasa olmaz. Kız kardeşi panikatak hastasıymış. Kardeşinin yeni doğum yaptığını, bebeğinin sarılık olduğunu, bu yüzden kardeşinin çok korktuğunu ve kaygılandığını söyledi. Anneyi sakinleştirmek için ben de *"Merak etme illaki geçecektir. Kerem on gün hastanede yattı, bak şimdi gayet sağlıklı."* dedim. O arada doktor, bebeği ve annesini içeri aldı. Yanımdaki bayan, doktorun yanına girmedi. Kucağında dört yaşlarında bir çocuk vardı. Bana döndü ve anlatmaya başladı.

"Bundan dört sene önce Esra'ya hamile olduğumu öğrendiğimde büyük kızım Elif on aylıktı. Kimsem yoktu. Nasıl baka-

rım diye çok kaygılandım. Hatta aldırmak için doktora gittim ama kapısından döndüm. Büyük kızım on sekiz aylıkken Esra oldu. Çok zor ve yorucu günler geçirdim. Elif geçen sene ateşli bir hastalık geçirdi. Doktora götürdük. Boğaz enfeksiyonu var, dedi. Antibiyotik verdi. Eve geldik. O gece fenalaştı. Hemen hastaneye götürdük. Kanında enfeksiyon oranı artmış. Komaya girdi. Bir hafta yoğun bakımda kaldı..."

Sonunu duymak istemiyordum. Annenin gözlerinden sicim gibi yaşlar boşalıyordu. Yüreğim yanmaya başladı. Ne olur, dedim ölmüş olmasın.

"Kızımı kaybettim! Daha dün sardığım, koynumda yatırdığım evladımı kaybettim. Mis kokulumu kendi ellerimle toprağa verdim. Hayallerim vardı benim. İki kızım birlikte büyüyecek, dertlerine ortak olacaklardı. Ölmeden iki hafta önce kardeşimin düğünü vardı. Beyaz gelinlik giydi yavrum. Ne bileyim iki hafta sonra kefen giydireceğimi? Gelinlik çok yakıştı yavruma da kefen hiç yakışmadı. Ama isyan etmiyorum. Allah verdi, Allah aldı. Rızkı bu kadarmış yavrumun. Benden sana nasihat ablam! Evladına sanki onu on dakika sonra hiç görmeyecekmişsin gibi sarıl! Ben çocuğuna sürekli bağırıp kızan, döven ana babaları görünce kahroluyorum. Diyorum ki onun bir emanet olduğunu bilselerdi kızmazlardı, dövmezlerdi. Evlat acısının tarifi yok!"

Tutamadım kendimi ağlamaya başladım. Kerem'i babasına verdim; o anneye sarılmak istiyordum. Seni cennette bekleyen bir meleğin var, ne mutlu sana sen seçilmiş bir annesin demek istiyordum ama sözler boğazıma dizildi. Sadece sarılabildim. O anne sanki bunu bekliyordu. Hıçkıra hıçkıra boynumda ağladı. *"Bu küçük yavrum için ayaktayım. O beni hayata bağladı. Onunla yeniden nefes aldım."* dedi.

Hiçbir şey söyleyemedim. Hangi cümle evladını kaybetmiş bir anneyi teselli edebilir ki? Tek yapabildiğim derdine ortak olmaktı ve nasibime düşeni almaktı.

"Hep şükrettim. İyi ki Esra'yı aldırmamışım. Yoksa kendimi asla affetmezdim. Ben Esra'yı aldırdım diye Allah da benden Elif'i aldı der, kendimi yer bitirirdim. Demek ki Rabb'im birini alacakmış, bana da teselli olsun diye Esra'yı vermiş. Kardeşim, kızımın bu ani ölümünden sonra panikatak hastası oldu. O yüzden bu kadar kaygılı. Hep bir kaybetme korkusu var."

O ara kardeşi yavrusu ile odadan çıktı. Yanımdaki bayan kalktı. Helallik istedi benden. Asıl sen hakkını helal et melek anne. Sen o gün hikâyeni benimle paylaşarak hayatıma fark kattın. İnsanım neticede ben de. Yanlışa çok kolay düşüyoruz. Senin her kelimeni ben yüreğime, beynime kazıdım. Yanımdan gittiler. Kerem'i babasından aldım ve o gün ona bir söz verdim:

"Sen evlat! Gönlümün, ruhumun merhemi. Sağlıkla yanımda olduğun her gün sana bütün sevgimle, merhametimle sarılacağım. Seninle geçirdiğim her gün için Allah'a şükredeceğim. Hayatımda olduğun her dakikanın kıymetini bileceğim ve ben seni pişmanlıklarımla değil, iyiliklerimle seveceğim."

Aslında biliyor musunuz? İnsanlar ölüye ağlamıyor. Hepimiz bir gün öleceğiz. Dünya hayatı misafirhane! Geldik ve gidiyoruz. Evladımız bile bizim değil dünya hayatında. Allah'ın bize emaneti. Allah bizi bu şuurdan ayırmasın! İnsanlar ölünün arkasından niye ağlıyor biliyor musunuz? Ona yaşattığı üzüntülere ve onunla yaşayamadıklarına! Sanki beş dakika sonrasının garantisi varmış gibi hayatı hoyrat kullanıyoruz. Çok çabuk kırıyor, çok çabuk kırılıyoruz. Şimdi size sorsam *"Üç günlük ömrün kaldığını öğrensen neyin önemi var?"* Cevabınızı duyuyorum. *"HİÇBİR ŞEYİN!"* Ne malınız ne mülkünüz ne dostlarınız ne dert ettiklerinizin... Her şey önemsizleşir. Kaç kişi *"İçimde ukde kalan hiçbir şey yok, vicdanım rahat; kimseyi üzmedim, kırmadım ya da kimsenin beni üzmesine, kırmasına izin vermedim."* diyebilir?

Gençliğimize güveniyoruz, sanki hiç yaşlanmayacak gibi ruhumuzu ve bedenimizi hoyrat kullanıyoruz. Yıllar sonra ise bize kalan, pişmanlıklar ve keşkeler oluyor.

Aslında mesele çok basit. GELDİK, MİSAFİR OLDUK, GİDİYORUZ. Giderken heybende neler var? Pişmanlıklar mı, iyilikler mi? İkisi de vardır elbet! Ama hangisi daha ağır basıyor. Dünya hayatına o kadar aldanmış durumdayız ki sanki hiç bitmeyecek ve o son durağa hiç gelinmeyecek. İşte evlatlarımızı da kendi malımızmış gibi sahiplenmemiz ondan. Bedenimizi de ruhumuzu da aynı şekilde sahipleniyoruz. Mal benim değil mi? Kırarım da severim de; iyi de davranırım kötü de. Çocuklarımız bizim malımız değil, emanetimiz! Allah'ın emanetleri... Düşün bakalım, evladına (Allah muhafaza) on günlük ömür biçseler ne yaparsın?

Keşke dememek için şimdi bir şeyleri değiştirmeye başla!

Allah'ın Emaneti

Komşunun acil bir işi çıktı. Çocuğunu sana emanet etti. Nasıl davranırsın? Düşün bakalım biraz!

Annesi gelinceye kadar gönlünü hoş tutarsın. Ne istiyorsa onu yaparsın. Kendi çocuğun ona zarar vermesin diye uğraşırsın. Hangi yemeği isterse onu pişirirsin. Azıcık bir yeri acısa tedirgin olursun. Hatta onu mutlu etmek için kırk takla atarsın. Yani komşunun sana emanet ettiğini gözünden bile sakınırsın. Çünkü o, annesi gelinceye kadar senin emanetinde!

Peki, ya Allah'ın emanetini aynı şekilde koruyup kolluyor musun?

Komşunun emaneti her türlü güzel muameleyi hak ediyor da Allah'ın emaneti hak etmiyor mu? İkisi de sana emanet değil mi?

Bazen bekçi olduğumuzu unutuyoruz. Evladımızı evimizdeki bir eşyamız gibi görmeye başlıyoruz. Hor kullanıyoruz, kirletiyoruz, yüreğine derin kesikler atıyoruz. Unutuyoruz ki o, ALLAH'IN EMANETİ!

Aslında o da evimizde bir misafir. Ne zaman geldiği belli ama ne zaman gideceği belli olmayan bir misafir... Belki bizden sonra, belki bizden önce...

Ya emanetini senden önce yanına alırsa sahibi? Hiç düşündün mü seni en çok ne kahreder?

Yaptıkların mı, yapamadıkların mı? Yaşattıkların mı, yaşatamadıkların mı? Söylediklerin mi, söyleyemediklerin mi?

Komşunun çocuğuna hakaret etmez, dövmez, sövmezsin. Çünkü komşun hesap sorar, bilirsin. Çekinirsin ailesinden... Bunun hesabını verememekten korkarsın. Peki, ya Allah hesap sormaz mı insana? *"Ben sana vatana, millete, ailene hayırlı bir evlat büyüt diye verdim bu yavruyu. Neden hor kullandın?"* demez mi?

Korkmaz mısın hesap verememekten? *"Karıncayı bile incitmeyin."* diye emir veren, kuluna eziyet etmene razı gelir mi?

Çocuklarımız bizim malımız değildir, Allah'ın bize verdiği kutsal emanetlerdir. Hor kullanmayın, sonra hesabı büyük olur.

Allah'ın bütün emanetlerine sahip çıkalım. Bedenimize, ruhumuza, çocuğumuza...

Kız mı Olacak Erkek mi?

Biz Kerem'in de kız olmasını çok istemiştik. Bu sefer dualar ikinci için edilmeye başlandı. İçimde büyüyen bir yavru daha! İlkinde çok anlayamamıştım ama ikincisinde hamileliğin tadını çıkaracaktım. Karar verdim, herkese naz yapacağım. Gece eşimi kaldırıp mevsimi olmayan meyve isteyeceğim. Ama bir kere benim ruhumda naz yok. Alışmışım her işimi kendim görmeye; birinden bir şey beklemek, naz yapmak, azıcık burun sürtmek nerdeeee! Zaten hiç aşermedim. İnsanın canı hiç mi bir şey istemez? Sadece Kerem'de hep ekşi, ferah şeyler istedim. Bir de derler ya *"Ye ekşiyi, doğur Ayşe'yi"* Ben ekşi yedikçe Ayşe, Hakkı oldu.

İlk gebelikte çok dikkatliydim. Ağır kaldırmayayım, beslenmeme dikkat edeyim, hemen bebeğe kıyafetler alayım, odasını hazırlayayım. İkincide biraz daha rahat oluyor insan. Eeee tecrübe konuşuyor artık. Hem nasıl rahat olmayacaksın? Kucağında zaten bir bebek var.

İkinci hamileliğimde sabahları çok öğürüyordum. Yan komşuları uyandıracak kadar... Hesap edin artık çıkan sesi. On üç haftalık iken rutin kontrole gittik. İçimde de bir umut, belki cinsiyeti belli olur. Bu arada da eşim bu kadar öğürmemden dolayı çok üzülüyor. O da yazık, ben öğürdükçe kalkar karnımı tutar, başımı okşardı. Neyse doktor aldı bizi içeri, ultrasonla çocuğa bakıyor. Bize gelişimi hakkında bilgi veriyor. Eşim o arada lafa girdi.

- Doktor Bey, ben bir şey söylemek istiyorum.

- Buyurun, Abdurrahman Bey.

- Dilek sabahları çok *BÖĞÜRÜYOR*, yapılabilecek bir şey yok mu?

- Ne yapıyor?

- *BÖĞÜRÜYOR!*

Ben şaşkın şaşkın kocama bakıyorum ne diyor diye. Doktor bir patlattı kahkahayı! Kocam bakıyor şaşkın şaşkın, ne dedim ki ben diye.

- Böğürmüyordur, Abdurrahman Bey.

- Yok hocam, böğürüyor, yan komşular bile acır oldu Dilek'in hâline.

Yani kızsam mı gülsem mi bilemedim. Artık benden nasıl bir ses çıkıyorsa adam böğürdüğüme ikna olmuş. Önüme ot ver, belki geçer demek geldi içimden ama mahcup olmasın diye sustum. Doktor gülmekten çekemedi ultrasonu, sevgili kocam hâlâ şaşkın, olayı anlamaya çalışıyor. Artık devreye ben girdim.

- BÖĞÜRMÜYORUM ben, hayatım.

- Nasıl böğürmüyorsun? Her sabah böğürüyorsun ya!

- Böğürmüyorum canım.

Kocam ne oldu der gibi yüzüme bakarken,

- *ÖĞÜRÜYORUM* ama *BÖĞÜRMÜYORUM...*

Yavrum nasıl utandı. Yüzü kıpkırmızı oldu. Ne diyeceğini bilemedi.

- Ha böğürüyor ha öğürüyor, ne fark var ki?

Bir an jeton düşmedi benimkinin. Doğru, ne fark var ki, adam haklı. Benden çıkan ses öğürtü gibi değil ki böğürtü gibi zaten. Çok tatlı bir hatıra kaldı bu olay. Ama var ya gülmekten karnımız acımıştı. Günlerce hatırlayıp hatırlayıp güldük. Hâlâ da hatırlar hatırlar güleriz.

Bu arada doktorumuz bir tahminde bulundu. Bebek, ERKEK! Önce biraz burkuldum ama sonra sevindim. Aralarında tam 18 ay olacaktı ve ikisi de erkek. Birbirlerine kardeş, dost olurlar dedim.

"Ma"ları Çöpe Atın!

Cinsiyeti öğrendik, doktor birkaç tahlil verdi, sonuçları bekliyorum. Yanıma bir anne geldi, oturdu. Üç yaşlarında bir kızı var. Tahminen de yedi sekiz aylık hamile. Kızı o kadar hareketli ki maşallah, yerinde durmuyor. Anneye basmışlar tabii! Gelenler gelmiş. Kendine bir yer beğenmiş.

Hamilelik bir yandan, çocuk bir yandan! Annesi uyardıkça yapMA, koşMA, zıplaMA, gitME diye, çocuk tam aksini yapıyor, arada da gelip annesinin karnına yumruk atıyor, bastırıyor.

Anne bıkmış! Çocuk mutsuz! Baba çaresiz!

Çağırdım çocuğu yanıma, biraz sohbet ettim. Biraz oyun oynadık. Sonra anne de benimle konuşmaya başladı. "Vallahi bıktım, ne desem tersini yapıyor, bir de kardeşinin olacağını öğrenince daha da hırçınlaştı."

Ah annemmm! Ben seni anlıyorum da çocuk anlar mı? Karnında da kucağında da bir bebe var. Karnındaki bebe kucağındakini hemen gözünde büyüttü mü? Kucağındakini büyüdü mü sandın sen? Ama karnındaki ne ise kucağındaki de o. Yavruların için sakin olman lazım. Stres sizi aile olarak yorar. Sabırlı olmak kolay değil, biliyorum. Sana bilmişlik de taslamak istemiyorum ama karnındaki şu an ALLAH'IN, kucağındaki hem ALLAH'IN hem senin gözetiminde! İçerideki için sağlıklı beslen, dinlen, psikolojini iyi tut yeter.

Ama dışarıda ki öyle mi? Bir de kardeşi olacak. Yani kuması! Kocan sana kuma getirse ne yapardın? Eve gelen kumaya *"Gel kuzum, kocam da evim de odam da mutfağım da senin."* mi diyecektin? Balta ile kovalarsın diye düşünüyorum. Çocuğun stres olmuş, gerilmiş, senin dikkatini çekmeye çalışıyor. Senin deyiminle *"yaramazlık"* yaptıkça sen çocuğunla daha fazla ilgileniyorsun. Yanında uslu uslu otursa bu kadar iletişim kurar mıydın? Tabii ki HAYIR! Uslu çocuk kimsenin dikkatini çekmez. Siz hiç uslu çocuğa *"Hadi kalk! Biraz koş, zıpla, eğlen, ben de azıcık arkandan koşayım."* ya da *"Ne biçim çocuksun sen, uslu uslu oturuyorsun?"* diyen birini duydunuz mu? Ama çocuk yerinde durmayınca durum anında değişir. Herkesin algısı açılır, bütün ilgiler ona döner. Çocuk da sürekli bu ilgiyi üzerine toplamak için yapma dediğin her şeyi yapar.

Yavrun, senin hamile olduğunu, yorulduğunu, üzüldüğünü anlayamaz ki! Aslında bu kadar hareketli olmasının sebebi belki de sensin. Çocuk sana alarm veriyor aslında. *"Benimle ilgilenin, beni sevin, bana vakit ayırın."* diyor. *"İlginize, sevgi-*

nize, merhametinize, anlayışınıza muhtacım." diyor. Ama sen ne diyorsun?

- YAP"MA"

- KOŞ"MA"

- ZIPLA"MA"

- GİT"ME"

Bilmiyorsun ki beyin *"ma"*ları *"me"*leri sevmez, hemen yutar, ortada ek filan kalmaz. Onlar olur mu sana:

- YAP!

- KOŞ!

- ZIPLA!

- GİT!

Sonra diyorsun ki *"Beni dinlemiyor."* Şimdi sana desem ki *"Yüzüme bak'ma'!"*

Söyle bakalım. İlk yaptığın ne olur?

Ağaçtaki maymunu düşün*"me"!*

Ama ben *"düşünme"* dedim.

Birde pembe fil örneği var. (Meşhur)

Pembe fili düşün*"me"!*

İlk düşündüğün ne oldu?

Beyin böyledir işte. Kalıplar şeklinde öğrenir. Kendini ağaçtaki maymunu düşünmekten alıkoyabildin mi? Israrla düşün*"me"* desem daha çok düşüneceksin. Ama cümle hiç kurulmamış olsaydı ağaçtaki maymunu düşünür müydün?

Asıl amacım sana ağaçtaki maymunu düşündürmemekse mavi papağandan bahsetmem lazım.

"Nasıl yani?" dediğini duyar gibiyim.

Eğer çocuğunun merdivenlerde oynamasını istemiyorsan *"Merdivende oynama."* demek yerine duvardaki resimden, elindeki oyuncaktan veya ne yapmasını istiyorsan ondan bahsetmelisin.

Sürekli biri bana uyarıda bulunsa ben de dinlemem. Çocuk o çocuk. Doğasında hareket, hamurunda sevgi, ilgi, anlayış var. Malzemeden çalarsan fırından mayası gelmemiş hamur gibi taş olur çıkar.

Uzaklardan bir ses duyarım:

- Dilek Hanım, Dilek Hanım!

Birden kendime geldim. Yine kendi kendime bir dünya konuşmuşum. İnşallah jest ve mimik yapmamışımdır. Kendi kendime konuşurken bazen bir kaptırıyorum, mimikler havada uçuşuyor. Ne sandınız, onca lafı hiç tanımadığım bir kadının suratına söyler miyim?

Sanki Kardeş Değil de İki Düşman Gibi Büyüdüler...

Dokuz ay nasıldı geçti, hiç anlamadım. Ve o mutlu gün. İlk doğumda düştüğüm hatalara düşer miyim? Hemen saçlarımı balıksırtı ördüm. Makyaj falan da yapmadım tabii. Hele artistlik! Onu hiç yapmadım. Akıllanmaya başlıyorum artık. Tabii, başıma gelecekleri bilmek beni biraz korkutuyordu. Neticede bir doğum yapmışım ve çekilen acıyı biliyorum. Ama o ilk buluşma çekilen bütün acılara bedel. Bir yüreğim vardı, iki oldu. Artık kalbim bir Kerem, bir de Yiğit Ali için çarpacaktı.

Yiğit doğmadan önce hep çok kaygılanırdım. *"Acaba bir yüreğe iki evlat sevgisi nasıl sığacak? İkisini eşit sevebilecek miyim?"* Neticede hiçbir şeyi eşit sevmek zorunda kalmamıştım hiç. Eşim, annem, babam hep tekti. Kardeş var diyorsunuz, değil mi? Ama kardeş, evlat gibi değil ki!

Anladım ki iki tane de olsa, yirmi tane de olsa evlat sevgisi asla değişmiyor. Beş parmağının hangisini kessen daha az acır? Tabii ki hiçbirini...

Çocukluğunu iyi hatırladığım bir tanıdığımız var. Benden yedi yaş küçük. Adı Ece. Ece'nin anne ve babası çok küçük yaşta evlenmiş. Annesi ve babası ilk evlendikleri yıllarda babasının ailesi ile birlikte oturmuş. Ece ailenin tek torunuydu. İlk zamanlar çok ilgi gösterildiği için Ece çok kontrolsüz bir çocuk olmuştu. İkinci bebeğin doğması ile bütün ilgi yoğun bir şekilde diğer bebeğe kaydı. Kimse Ece ile ilgilenmedi ve Ece inanılmaz hırçın ve kıskanç bir çocuk oldu. Her fırsatta kardeşine, evdeki eşyaya, başka çocuklara hep zarar verdi. Hiçbir eşyasını kimse ile paylaşmadı. O paylaşmadıkça elindeki zorla alınıp kardeşine verildi. O böyle bir çocuk oldukça anne onu *"KISKANÇ! , YARAMAZ!, TERBİYESİZ!"* diye etiketledi.

Anne farkında değildi ama inanılmaz bir şekilde evlat ayırıyordu. Bunu kasıtlı yapmadığını biliyorum ama Ece'nin kontrolsüz davranışlarına dayanamıyordu ve öfkesini her seferinde Ece'ye şiddet olarak çeviriyordu. Yeni bebeğimiz Aysun ise inanılmaz tatlı bir çocuk ve fıtratı gereği çok sakin. Hatırlıyorum da Aysun henüz üç yaşındayken koca bir kız gibi oturur, söylenenleri hemen yapar, söylemiş olduğun her şeye *"Tamam ablacım, tamam annecim."* diye cevap verirdi. Çünkü Aysun, olayı üç yaşında olmasına rağmen çözmüştü. O böyle olduğu için sürekli övgü ve ilgi görüyordu. O da bu ilgiliyi kaybetmemek için daha fazla kibar ve nazik olmaya çalışıyordu ama en büyük faktör fıtratı tabii ki.

Ece hep kardeşinin gölgesinde büyüdü. Sanki kardeş değil de iki düşman gibi büyüdüler. Ece hiçbir zaman kardeşini yanında istemedi. Hep bağları kopuktu. Şimdi ikisi de kocaman insanlar ama hâlâ aralarında kuvvetli bir bağ yok. Kardeş olmanın getirdiği gereklilikleri yerine getiriyorlar. Ece'nin aile ilişkileri çok kötü ama Aysun ailesine çok bağlı.

Yiğit Ali doğduğunda aklıma hep Aysun ile Ece geldi. Dengeyi kuramamak korkusu hep beni uyanık tuttu. Benim çocuklarımın arası çok az olduğu için ikisi de hep aynı anda doğduklarını düşünürler. Kerem hâlâ sorar *"Anne, biz kardeşimle birlikte mi doğduk?"* diye. Kardeşlerin arasındaki yaş farkı bu kadar yakın olsa bile anladım ki bunun idrakinde olarak hareket ettiğin zaman denge çok rahat kuruluyor.

Yiğit Ali'yi ilk kucağıma aldığımda yaşadığım duyguya anlatamam. Evlat sevgisinin ne demek olduğunu ilk doğumunuzda çocuğunuzu kucağınıza ilk aldığınız saniyelerde yaşıyorsunuz. Ama ikinci çocuğunuzu kucağınıza annelik duygusunu bilerek almanız çok ayrı bir heyecan.

Ama bu heyecanla hareket ederseniz Ece ve Aysun arasındaki krize zemin hazırlarsınız. Ece bana bir gün demişti ki *"Babam hep annemi uyarırdı: 'Çocuklar arasında ayrım yapıyorsun.' Annem asla kabul etmezdi ama ben hep anlardım. Mesela onu üç kere yanağından öperdi beni ise iki; benim saçlarımı hep toplardı ama onunkini örerdi. Ona kokulu silgi ve tüylü kalem alırdı, bana sen büyüksün deyip almazdı. Okuldan gelince önce ona sarılırdı sonra bana, ilk onun gözlerinin içine bakardı sonra benim."*

Yaaa! Görüyorsunuz işte. Çocuklar çok iyi bir gözlemcidir. Terazinin ayarı biraz kayarsa denge bozulur, düzen bozulur, psikoloji bozulur. Sizin için basit olan davranışlar çocuklar için dev olur. Ece, annesine içten içe hep öfke duydu ve bilinçaltında onu hiç affetmedi.

Ben üç erkek çocuğundan sonra dünyaya geldim. Küçükler hep şımarıktır. Abilerim beni değil de hep ben onları kıskanırdım. En büyük abim hariç... O bazen kuytuda yakalayınca beni hemen sıkıştırırdı. Annem abimleri hiç sevsin istemezdim. Hep benimle ilgilensin, hep benim yanımda yatsın isterdim. Dağdan gel, bağdakini kov. Annem hepimizi yataklarına yatırır. "Benimle kimse yatmıyor, herkes yatağında yatacak!" derdi. Meseleyi de böylelikle çözerdi. Biz kardeş kokusunu ala ala büyüdük. Acaba diyorum evler büyüdükçe, teknoloji hayatımızın merkezinde yer aldıkça mı kardeşlik bağları koptu.

Önceden bütün evler sobalıydı. Akşam olunca bütün aile mecburen bir arada otururdu. Her şeyden bir tane alınırdı. Hepimiz paylaşmak zorunda kalırdık. Herkesin evinde maddi değerli eşyalar azdı ama paylaşım, bir arada olmak, birliktelikten zevk almak, oyun kurmak, sevmek, saymak çoktu. Düşünüyorum da maddi değerdeki azlık manevi değerdeki çokluğu artırıyor sanki.

Biz önceden odadan odaya seslenirdik, şimdi kardeşler aynı evde iki farklı odadan birbirlerine mesaj atar olmuş. Her şeyden evde yaşayan insan sayısı kadar alınınca kimse eşyasını paylaşmaz olmuş. Evler büyüyüp kaloriferli olunca herkes odasında oturur olmuş. İnternet hayatımıza girince sohbetler sosyal medyadan edilir olmuş... Olmuş da olmuş... Duyarsız, bencil bir nesil yetişiyor diye çok üzülüyorum.

Biz küçükken peçete koleksiyonu yapardık. Nasıl değerliydi bizim için o peçeteler. Annelerimizi ev oturmasına giderken sıkı sıkı tembihlerdik. *"Desenli peçete verilirse sakın kullanma, bana getir."* Maddi durumu biraz iyi olan arkadaşlarımız ayda birkaç kere bir paket desenli peçete alırlardı. Ne büyük lüks gelirdi bana. Bizim evde misafire bile desenli peçete alınmazdı ki ben koleksiyonum için alayım. En cılız koleksiyon benimdi. Önceden üzüntülerimiz cılız peçete koleksiyonumuz içindi. Ya şimdiki çocukların?

En küçük abim yaz tatillerinde mahalle kahvesinde ayakkabı boyar, pazarda simit ve su satardı. Her akşam bana *"Sana yarın ne getireyim kardeşim?"* diye sorardı. Kıyamazdım ona, yoruluyor diye hiçbir şey istemezdim. (Önceden böyle işleri çocuklara aileler hayata hazırlamak, para kazanmanın kıymetini göstermek için yaptırırdı. Şimdi elimizde imkân olsa cam fanuslarda büyüteceğiz. Çünkü artık sokaklar hiç güvenilir değil.) Abim sonra benim peçete koleksiyonum için üzüldüğümü fark etmiş. Bana bir gün dört farklı desende dört paket peçete getirmişti. O anki mutluluğumu anlatamam. Hemen ertesi gün arkadaşlarıma gösterip ne büyük bir gurur yaşamıştım. Şimdiki çocukları düşünüyorum da bu söylediklerim ne kadar uzak geliyor. Kardeşlik böyle güzel yaşanıyordu işte. Annem ve babamın kardeşler arasında ayrımcılık yaptığına hiç şahit olmadım. Dövdüklerinde bile üçünü birden döverlerdi. O kadar hakkaniyetliydiler. O yüzden bizim içimizde birbirimize karşı hiç kıskançlık duygusu uyanmadı. Bir onlar dayak yerken eşitlilik bozuluyordu. Çünkü ben çok sakin bir çocuk olduğum için bir kaç kere dayak yemişimdir.

Ben hep böyle konuyu dağıta dağıta anlatmaya bayılırım. Yine azıcık dağıtarak anlattım sanki. Normal hayatımda da böyleyim ama! Çok alakasız yerlerde çok alakasız şeyler sorup birden farklı bir konuya geçiş yapabilirim. Yakın arkadaşlarım bu duruma alışık. İkizler burcuyum, o yüzden mi acaba? Ben böyle konudan konuya atlayınca *"Dilek'in frekans bozuldu yine."* derler. Arkadaşlarımın deyimi ile bozduğum frekansı hemen düzeltiyorum.

Sözün kısası kardeşler arasında kurduğunuz dengeye lütfen dikkat edelim. Biz şimdi onlar arasındaki ilişkiyi bozarsak onlar sonra bunu bir ömür tamir edemezler. Çocuklarımızın sırtına böyle ağır bir yük yüklemeyelim. Ailelerin bu dengesiz tutumlarından dolayı birbiri ile küs birçok kardeş tanıyorum.

AMAN DİKKAT!

Dipnot: KEREM İLE YİĞİT ALİ'NİN İLK BULUŞMA ANI, KARDEŞ KISKANÇLIKLARI VE KARDEŞ KAVGALARINA ÇÖZÜM ÖNERİLERİNİ "SENİ ANLIYORUM ÇOCUK" KİTABIMDA ÇOK AYRINTILI BİR ŞEKİLDE ANLATTIĞIM İÇİN BURADA ONLARA YER VERMEDİM.

Odalarımızı Ayırdık

Bildiğiniz üzere Kerem ile aynı odada yatıyorduk. Kardeşi doğduktan sonra dördümüz aynı odada yatmaya devam ettik. Yiğit Ali, babanın tarafında, Kerem benim tarafımda yatıyor. Yatak odasında İki beşik, bir yatak ile dört kişilik bir hayatımız oldu. Geceleri oksijeni çok hızlı tükettiğimiz için arada bir birkaç dakika pencereyi açardık. Eşim hep *"Oksijen canavarı olduk."* derdi. Bunun yanına Yiğit ile Kerem'in gaz ve kaka kokuları karışınca daha efsane oluyordu.

Yiğit uyandıkça baba; Yiğit'i alır, emzirmem için bana verir, sonra başımı beklerdi. İlk çocukta arada bir uykuya dalardım ama Yiğit'te iki çocuğun vermiş olduğu yorgunlukla hep uyuya kalıyordum. Eşim de sağ olsun, Yiğit biraz büyüyüp serpilinceye kadar başımızı bekledi. Sadece anaların değil, babaların da hakkı ödenmez.

Kerem iki buçuk yaşına gelince odasını ayırmaya karar verdik. Hatta şöyle bir şey yaptık. Yiğit'in de yatağını çocuk odasına taşıdık. Kerem için bir baza aldık. Kerem'in beşiğine de Yiğit Ali'yi yatırdık. Yiğit'in yatağını da ortadan kaldırdık. Yiğit'i kendi odamda bırakıp Kerem'i ayırmaya gönlüm razı olmadı. Yiğit benimle kalıp Kerem ayrılmış olsaydı, kendini evinden kovulmuş hissedebilirdi. Bu his onda değersizlik duygusu oluşturabilirdi. Hani şu pabucu dama atılma davası var ya! Ben senin hiç pabucunu dama atar mıyım yavrum? O pabucu ben bağrımda taşırım.

Üçümüz birden yatak odasından ayrıldık. Babaya bir servet bıraktım resmen. Kocaman bir yatak ve boş bir oda... Baba çaktırmıyor ama hâlinden çok memnun. Yiğit kendi beşiğinde, Kerem yatağında, ben de bir şilte buldum, onun üzerinde yatıyorum. Kerem iki buçuk, Yiğit bir yaşında. İlk uykuya daldıkları vakit odamda yatıyordum. İlk Yiğit'in uyanması ile onların odasına transfer oluyor, her yerim tutula tutula sabahı ediyordum. Düşünüyorum da kim için insan bu kadar fedakârlık yapar ki? Kerem güvenli alanından çıkmış, yeni bir odaya alışıyor. Yiğit ise güvenli bağlanma döneminde olduğu için odalarında kalmam bana göre doğru olandı.

Peki, Yiğit olmasaydı ne yapardım diye merak edenler için de söyleyeyim. Yine aynısını yapardım. Kerem'in odasında ilk zamanlar daha fazla kalırdım. Tabii aylarca değil. Kerem uyanıp yanıma gelseydi kendi odamda değil, onun odasında onu yeniden yatırırdım. Bu dönemde çocuğunuzu kendi yatağınızda değil, çocuğunuzun kendi yatağında yeniden uykuya dalmasını sağlamalısınız. Yoksa çocuğun odasına ve yatağına alışma süreci uzar da uzar... Çocuk bir kendi odasında bir sizin odanızda yatarsa ikilem olur.

Kerem uyandıkça sadece elim ile sırtını pışpışlayarak geri uyuttum. Eğer çok huzursuz olduğunu hissettiysem yanına uzandım. O uyuyunca yatağıma geri döndüm. Kerem ne zaman uyansa beni yanında bulduğu için kendini güvende hissetti. Yatağa alışması kolay oldu. Bu onun için travmatik bir ayrılık olmamış oldu. Yiğit de aynı şekilde beni her ihtiyacı olduğu anda saniyeler içinde yanında buldu. Çünkü ne demiştim; çocukların doğdukları ilk aylar ihtiyaç hissettikleri an ebeveyni çok acil yardımına yetişmelidir. Kucağa alışmasın diye dakikalarca çocuğunu ağlatan anneler çok büyük yanılgı içerisindesiniz, unutmayın. Bir daha hatırlatmış olayım.

Yiğit'ten ötürü çocukların odasında yaklaşık yedi sekiz ay böyle takıldım. Yiğit iki yaşına doğru geldiğinde kendi odama transfer olmaya başladım. Yatak odalarımız yan yanaydı ve odalarına bir telsiz koydum. Yiğit zaten bir yaşından sonra geceleri uyanmamaya başladı.

Aslında bu süreci çocuk yönetiyor. Çocuğunuzun ritmine kulak vererek çocuğun düzeninde değişiklikler yapmalısınız.

Anne, bebeği ona her ihtiyacı olduğunda sabır ve şefkatle yanına gidebileceğine inanıyorsa, çocuk da bu durumdan olumsuz yönde etkilenmiyorsa iki yaştan sonra odayı ayırmayı deneyebilirsiniz dedik ama işler her zaman böyle ilerlemeyebilir. Tabii bu aşamada önemli olan çocuğun ve annenin aynı derecede hazır olmasıdır. Güven duygusu ile büyüse de bir çocuk nadiren de olsa pürüzler çıkabilir.

Bir de çocuk büyüdükçe işin mahremiyet kısmı var. Odanızdaki bu mahremiyetten çocuğu korumak adına çocuk hazır olmadığı hâlde zorla odasını ayırmaya çalışmayın. Eviniz tek odalı değilse bütün ev sizin... Çocuğunuz elbet bir gün sizden ayrılmak isteyecektir. Şimdi bunu söylerken on dört yaşıma kadar anne ve babamın yatağına gittiğimi düşündüm. Ayyy çok utanç verici. Bir gün babam gerçekten çok sinirlenmişti. *"Evlenecek yaşa geldin neredeyse, hâlâ yanımıza gelmeye utanmıyor musun?"* demişti. O ana kadar utanmamıştım ama bu cümleleri duyduktan sonra gerçekten utanıp bir daha gitmemiştim.

Benim on dört yaşıma kadar onların yatağına gitmem anormal bir durum. Ama tabii yine ailemin suçu... Annem beni küçükken uyutamayınca elini duvara vururdu. Ayy ne korkardım o sesten. Sanki o ses gelip benim boğazıma oturacak, nefesim kesilecek gibi hissederdim. Muhtemelen bunu aklımın ermediği zamanlarda yaptı ki ben böyle korkak oldum.

"Uyumazsan davulcu alır götürür seni."

"Eyvah! Öcü geldi. Alıp götürecek seni!"

"Tamam tamam komşu dedesi, sen götürme Dilek'i, şimdi uyuyacak o!"

Eeee beni böyle korkutursan ben de kazık kadar olmama rağmen gelir aranızda yatarım işte!

Ben sürekli odaya farklı varlıkların geleceğine inanarak büyüdüm. Yıllarca yanımda biri olmadan bir evde yalnız kalamadım. Ne travma ama!

Çocuklar genelde zihinlerinde böyle şeyler kurarak sizden ayrı yatmak istemeyebilirler. Buna bazen siz zemin hazırlarsınız bazen de dış faktörler. Çocuk, kafasında var olmayan şeyleri canlandırıp bunların kendine zarar vereceğine inanır.

Ben size hayat kurtaracak birkaç öneride bulunmak istiyorum. Çocuğunuzu korkuları ile yüzleştirip bunların asılsız kaygılar olduğunu ispatlarsanız rahatlamasını sağlayabilirsiniz.

Öneri:

Çocuğunuz ışık kapanınca odaya düşen bir gölgeden rahatsızlık duyuyorsa bu gölgenin kaynağını bulup onun aslında farklı bir cisim olduğunu ama ışıktan dolayı gölgesinin içeri vurduğunu anlatın. Hatta bir gölge oyunu oynayabilirsiniz. Gölgelerin nasıl oluştuğunu anlatabilirsiniz. Gölgesi düşen varlığı bulun ve ona gösterin. Camın önündeki ağacın gölgesi gibi... Eğer korktuğu odadaki bir eşya ise bu eşyayı önce karanlıkta birlikte inceleyin, sonra ışığı açarak aynı eşyaya bir daha bakın. Tabii bu bir ses de olabilir. Sesi birlikte dinleyin, ne sesi olduğunu anlamaya çalışın. Bu bir makine veya hayvan sesi olabilir. Sesin kaynağını bulun ve yakından inceleyin. Çocukların zihinlerinde kaygı yaratan durumları somut örneklerle açıklarsanız kaygılarından uzaklaştırabilirsiniz.

Çocuğunuzun odasını ayırmakta geç kaldığınızı düşünüyorsanız, çocuğunuzun odasını ayırmaya karar verdiyseniz, bu konuda neler yapabiliriz diye düşünüyorsanız sizlere birkaç öneride bulunabilirim. (Üç yaş ve sonrası için)

Öncelikle odasını cazip hâle getirecek birkaç değişiklik yapabilirsiniz. Birlikte yeni bir nevresim takımı alabilirsiniz mesela. Odasını ayırmadan bir hafta önce bunun haberini ona verin. Bir anda *"Hadi odanı ayırıyorum."* demeyin. Önce psikolojik olarak hazırlayın. Bununla ilgili masallar okuyabilirsiniz. Neden odasında yatması gerektiğini anlatabilirsiniz. Sonra bir uyku takvimi yapın. Yirmi günlük bir takvim olsun. Çocuğunuzu motive etmek için odasında yattığı her gün için bu takvime bir yıldız koyun ya da gülen yüz yapın. Çocuğunuza bir uyku rutini oluşturmak onu uyku öncesi rahatlatacaktır. Diş fırçalamak, pijamalarımızı giymek, aile bireylerine iyi geceler öpücüğü vermek ve masal okumak gibi rutinler oluşturabilirsiniz. İlk günler sandalyeniz ile yatağının başında oturun ve uyumasını bekleyin. Bu süre zarfında çocuk uykuya dalmamak için sizinle sohbet etmek, farklı bahaneler ile yatağından kalkmak isteyebilir. Bu süreçte sınırı net çizin. *"Masalımızı okuduk ve sohbetimizi ettik. Şimdi uyku saati, sohbet etmek için sabahı beklemen gerekiyor. Bunun çok hızlı olması için de uyumalısın."*

Sohbet etme isteğine eşlik etmeyin ve sessiz kalmaya çalışın. O uyumaya çalışırken lütfen siz başka bir şey ile ilgilenmeyin ya da onun dikkatini dağıtacak işlerle meşgul olmayın. Mesela telefonla oynamak gibi... İlk birkaç günden sonra sandalyeyi biraz uzaklaştırın. Birkaç gün de bu şekilde devam edin. Daha sonra kapının önüne taşıyın ve bu şekilde kademeli olarak ayrılın. Bu eğitim yirmi gün boyunca başarılı bir şekilde devam ederse takvim yönteminde belirlediğiniz ödülü çocuğunuza alabilirsiniz.

Pekiştireç, bir davranışın görülme sıklığını artıran uyarandır. Bazı uzmanların, pekiştirecin davranışı içselleştirmediği, bu yüzden kullanılmaması gerektiği konusunda görüşleri var. Ama kâr-zarar hesabı yapınca bence pekiştireç kullanmak çok daha etkili bir yöntemdir. Çünkü çocuklar ile bilişsel çalışmak çok kolay olmuyor. Davranışçı çalışmak daha etkili oluyor.

Pekiştireci size şöyle anlatmak istiyorum. Bir ay boyunca çalışıp karşılığında maaş alamazsanız veriminiz düşer, o işi yapma isteğiniz düşer ve belli bir süreden sonra istifa edersiniz. Çünkü maaş bir aylık çalışmanın pekiştirecidir. Aralarda ikramiye alırsanız çalışma motivasyonunuz daha fazla artar. Mesela prim usulü çalışan firmalar vardır. Ne kadar iyi iş, o kadar prim. Ya da şöyle düşünün; akşama kadar temizlik yaptınız, akşam eşiniz eve geldi ve hiç yorum yapmadı, ellerine sağlık bile demedi. Aynı işi bir daha yaparken daha düşük motivasyonla yaparsınız. Mesela ödevlere öğretmenin yıldız atması da öğrenciler için motivasyondur. O yüzdendir ki ben pekiştireçleri (davranışçı yöntemleri) gerekli görüyorum.

En önemli ayrıntı şu ki burada sadece pekiştireç üzerinden uyku eğitimi vermeye çalışmadık. Pekiştireçleri süreci desteklemek için kullandık. Sadece pekiştireç kullanarak bir davranışı kazandırmaya çalışmanız büyük ihtimal başarısızlıkla sonuçlanacaktır. "Odanda yirmi gün boyunca yalnız yatar ve bu takvim dolarsa sana ödül alacağım." derseniz olmaz tabii ki!

Tabii pekiştireç kullanırken dikkat edilmesi gereken noktalar vardır.

➢ Mesela çocuk ilk odasında yattığı gün hemen büyük bir ödülle karşılaşırsa bu abartı olur. Ya da üst üste büyük ödül verilirse (mesela ilk gün bebek, ikinci gün bir elbise gibi) bu rüşvete alıştırmak olur. Çocuk ödül için odasında yatar. Ödül kesilince motivasyon düşer ve davranış içselleştirilemez.

➢ Çocuğa bir kutu bonibonu her gün verirseniz çocuğa bıkkınlık gelir, pekiştireç yine görevini yapamaz. Her gün içinden bir tane verirseniz işlevsel olur. (Çocuğunuza bonibon verin demiyorum, yanlış anlaşılmasın. Örneklendirme sadece.)

➢ Ya da diyelim ki çocuk yirmi gün boyunca yıldızları topladı. Ödül çocuğun istemediği bir şey olursa veya beklenenden çok daha küçük bir ödül kullanılırsa bu süreci değersizleştirir. Mesela çocuk sizden bebek istedi. Siz gittiniz ona mutfak araç gereçleri ile ilgili bir oyuncak aldınız veya yirmi günlük çalışmanın sonunda bir tane gofret getirdiniz. Böyle durumlarda pekiştireç işlevini yitirir. Yani önemsizleşir. Ödülün birlikte karar verilmesi en önemli ayrıntıdır.

➢ Pekiştireçler de süreci ayarlamakta çok önemlidir. Mesela uyku için yirmi gün ama tırnak yeme davranışı için yirmi gün uzun olur. En fazla yedi, en az beş gün olması lazım. Çünkü tırnak beş güne kadar uzar, yedi günden sonra kesilmezse çocuğu rahatsız eder ve yeniden yemesine sebep olabilir. Ödev konusunda evde bir çalışma yapacaksanız bu da on gün olabilir. Süreci dengeleyecek olan kişi sizsiniz.

➢ Pekiştireci kullanırken küçük adımlarla başlayıp çocuğu sonuca götürmelisiniz. Yirmi gün yıldız toplamanın ödülü uzaktan kumandalı bir araba ya da güzel bir bebek olabilir. Mesela akülü araba almak çok abartı olur. Beklentiyi yükseltir. Bunun için çok daha uzun vadede çok daha gayret gerektiren bir iş başarması lazım. Mesela üç ay boyunca kumbarada para biriktirmek gibi.

Konumuza geri dönüyorum. Eğer çocuk direnç gösteriyorsa sabırlı bir şekilde sürece devam edin. Diyelim ki üç günün sonunda sandalyeyi odanın ortasına almaya karar verdiniz ama çocuk çok direndi. Sizi hâlâ yanınızda oturtmak istiyorsa süreci birkaç gün daha uzatın.

Siz kaptansınız bu süreçte. Dalgalar ve fırtınalar ne kadar kuvvetli olursa dümene hâkimiyetiniz o kadar iyi olmalıdır. Kaptan gemiyi bırakıp kaçabilir mi? Kaçamaz. İşte çocuklara yeni bir davranış kazandırırken siz de gemiyi terk etmeyin. Ama sakinliğinizi koruyarak! Panik gemiyi batırır, unutmayın. Eğer bu sürece tahammülünüz yoksa kesinlikle başlamayın. Başlamayın ki çocuğunuza zarar vermeyin. Odayı ayırırken çocuğa öfkeli davranmak, çocuğa bu süreçte psikolojik şiddet uygulamak çocukta çok büyük hasarlara sebep olabilir.

Sabır ve şefkatle süreci yönetirseniz önerilerimin size fayda sağlayacağına inanıyorum. Ama yine de başarısız olma ihtimaliniz var elbette. Böyle bir durumda sabrınızı ve istikrarınızı sorgulayın.

Not: Sevgili okuyucum size örnek olması açısından örnek uyku panosu hazırlayarak kitabın sonunda paylaştım.

Benim Hayalet Arkadaşım Var Anne, O Peşimi Hiç Bırakmıyor!

Bir anne yazmıştı bana *"Çocuğum çok ağlıyor, asla kendi yatağında yatmak istemiyor. Destek de aldık, başaramadık."* diye. Hemen bir travma sebebi aradım altında, nitekim de çıktı. Çocuk *"Momo"* diye çocuklar için çok travmatik bir karakter görmüş. Soluk benizli, patlak gözlü, korkunç bir karakter. Çocuk bu korkuyu olumlu bir duygu ile değiştirmediği müddetçe odasına gidip yatması mümkün değil maalesef. (Eğer ciddi derecede bir korku ve kaygı bozukluğu varsa lütfen bir uzman yardımı alın. Bu yaşlarda yanlış inanışları düzeltmek çok önemlidir. Çünkü yanlış inanışların getirdiği kaygı ile büyüyen çocuklar ileride birçok psikolojik rahatsızlığa yatkınlık gösteriyor.)

Ben de *"Momo"* karakteri mağduru bir anneyim. Kerem de arkadaşının evine gittiği bir gün arkadaşı tarafından

"Momo" karakteri ile tanıştırılmış. Çocuğum bir anda odasında yatmamaya, tek başına tuvalete gitmemeye başladı. Bir odadan diğerine bile geçemez oldu. Altında bir travma aradım ama sebebini bulamadım. Çünkü o dönemde aile içinde veya okulda hiçbir olumsuzluk yaşamadı. (Çocuklar bir anda davranış değişiklikleri gösteriyorsa mutlaka altında bir sebep arayın. Gerekirse bir uzman yardımına başvurun.)

Kerem ilk başta korkusunun sebebini benimle kesinlikle paylaşmadı. *"Seni ne tedirgin ediyor?"* diye soruyorum. *"Hiçbir şey."* diye cevap veriyor. Onu anlamaya çalışarak süreci yönetmeye çalıştım. Çocuklar böyle dönemlerde zaten kaygılı olur. Bir de siz üzerine giderseniz, onu zorlarsanız, *"Nereden çıktı şimdi bu korku? Daha düne kadar korkmuyordun. Hadi çabuk odana!"* şeklinde azarlar veya *"Bebek misin sen? Ne kadar ayıp! Bebekler bile korkmuyor karanlıktan."* diye alay ederseniz çocuğu daha da olumsuz etkileyerek travmanın şiddetini artırırsınız.

"Korkularını anlıyorum. Seni korkutan şeyi ben de görseydim belki ben de korkardım. Çocukken benim de korktuğum şeyler oluyordu. Ama sonra onların korkulacak şeyler olmadığını anladım ve öğrendim. Belki benimle paylaşırsan ben sana yardımcı olabilirim." gibi yaklaşımlarla çocuğunuz ile empati kurarak iletişime geçebilirsiniz. Onu anladığınızı hissettirin. Başına gelen olayın herkesin başına gelebileceğini ifade ederek gözünde normalleştirin.

Bir gün *"Benim hayalet arkadaşım var anne, o peşimi hiç bırakmıyor."* dedi. Şok oldum! Ağzımızdan bir kere bile hayalet kelimesi çıkmazken bu çocuk bunu nasıl öğrendi? *"Beni hayalet arkadaşınla tanıştırır mısın? Neden peşini bırakmıyor, sorup öğrenelim."* dedim. Kabul etmedi. *"Onu sadece ben görebilirim."* dedi. Bu aşamada asla çocuğunuza *"Hayalet diye bir şey yoktur, ne saçmalıyorsun?"* diye yaklaşmayın. Sizin için yok ama onun hayal gücünde var.

Çocukluğumda sürekli hayalet gelip yiyecek beni korkusuyla tuvaletten odaya koşarak giderdim. "Oh! Yine yemedi." diye mutlu olurdum. O yüzden onu çok iyi anlıyorum. Mesela klozetlerden de çok korkardım, sanki içinden biri çıkacak ve beni içine çekecek sanırdım. Merdiven altında durmayın derdi büyükler! Neymiş, üç harfliler çarparmış. Çarpılma korkusu ile merdivenlerden de koşarak çıkardım. Şu an tuvaletten odaya koşan beni düşününce bir gülesim geldi. Ne komik bir görüntü... Bir de bazen abimler kapının yanına saklanırlar, ben çıkınca *"Böh!"* diye bağırırlardı. Ne korkardım ama ya! Vicdansızlar! Ama hatırlayınca gülüyorum işte! Önceden korku sebeplerimiz büyüklerdi. Tam büyükler bu konuda eğitildi derken bu sefer de çocukları teknoloji mahvetti. Aile kontrolü olmadan oynanan oyunlar, pat diye karşılarına çıkan bir resim veya video çocukları birden korkutabilir.

Bir gün sabah işe gitmek için kalktığımda balkon masasının üzerinde bir bıçak buldum. Eşime sordum, haberim yok dedi. Bu olayın Kerem ile ilgisi olduğunu anladım ama direkt sormadım. Kaygılanıp bana cevap vermeyebilirdi. O gün işten gelince hemen Kerem ile bir oyun kurduk. Bütün ışıkları kapattık ve odalarda gece lambası yaktım. Karanlıkta birbirimizi bulma oyunu oynadık. Kerem gece lambalarını yaktığım için kaygılanmadı. Oyun da tam onun arayıp bulamadığı bir oyun olduğu için eğlenceli buldu. Oyuna zevkle katıldı. Kerem beni yakaladıkça mutlu oldu. Kerem'in karanlığa alıştığını ve rahatladığını anlayınca *"Ben bir çukura düştüm Kerem, burada beni biri yakaladı, ben göremiyorum. Sen görüyor musun?"* dedim. *"Bırak annemi pis Momo!"* diye bağırdı. Hemen sarıldım Kerem'e, ışığı açtım.

- Kerem, "MOMO" senin hayalet arkadaşın mı?

- Evet, dedi.

Momo'yu benimle paylaştığı için rahatlamıştı. *"Seni Momo ile kim tanıştırdı?"* dedim. *"Efelerin evinde Efe gösterdi."* dedi. Hemen bir araştırma yaptım. Momo'yu daha önce hiç duymamıştım. Korkunç bir karakter. Çocuğum o kadar korkmuş ki!

- Neden bana daha önce söylemedin?

- Kızarsın diye korktum anne. Sen bana ben yokken biri sana kötü bir şey gösterirse izleme dediğin hâlde ben izledim, o yüzden kızarsın diye düşündüm.

- Bana doğruyu söylediğin için teşekkür ederim. Kızmadım ama çok üzüldüm. Benim sana neden izin vermediğimi şimdi daha iyi anladın mı? Bazen çocuklar neyin doğru neyin yanlış olduğunu bilemeyebilirler. Ben de senin gibi bir çocukken neyin doğru neyin yanlış olduğunu bilemiyordum ve her şeyi merak ediyordum. O yüzden seni anlıyorum oğlum. Ama bazen merakımız bize kötü duygular yaşatabilir. Senin Momo ile tanışman gibi.

Ben şimdi burada desem ki hayalet diye bir şey yok! Kerem için çok anlamsız olur. Çünkü Kerem hayalet resmini gördü. Üstelik akranı hayaletin varlığını doğruladı. Efe, Kerem'e *"Momo çocukları kaçırıyor, boğazını sıkıyor!"* demiş. Ne büyük travma! Ben ne dersem diyeyim anlamsız olur. O yüzden somut bir şeyler yapmak geldi aklıma. Ertesi gün boya kalemleri ile bir resim yaptım. Biraz Momo'nun sevimli hâlini. Kerem de yanımda tabii, beni izliyor.

- Neden Momo'yu çizdin anne?

- Beni kaçırabilir mi diye merak ettim.

- Çok komiksin anne. O sadece bir resim. (Çok hoşuna gitti ama rahatladığını da hissettim.)

- Boyamak ister misin Momo'yu? (O arada sürekli Kerem'i kontrol ediyorum. Yaptığım resimden korkması da bir ihtimal. Ben daha sevimli çizdim ama çocuk korkabilir. Kerem'in korkmayacağını bildiğim için de çizme kararı aldım. Siz korkacağını düşünüyorsanız sevimsiz bir mikrop çizin.)

- Olur.

Resmi boyamaya başladı. Boyadıkça onun sadece bir resim olduğunu gördü, zararsız olduğunu anladıkça daha doğrusu onunla yüzleştikçe kaygıları hafifledi. Hafifledikçe rahatladı. Hatta dalga bile geçti.

Hayat da öyle değil mi? Biz çok ciddiye aldığımız için mutsuz değil miyiz? Korkmuyor muyuz? Aslında sorunlarımızı elimize alsak, onunla biraz oynasak, dalga geçsek, onunla yüzleşsek korkularımız geçmez mi, kaygılarımız bitmez mi?

Sonra Kerem'in boyadığı resmin fotoğrafını çektim. Ekranda gösterdim.

- Bu resim sana zarar verebilir mi?

- Hayır tabii ki anne, resim o.

- Artık biliyorsun ki veremez! İşte bak, başka biri de bir resim çizmiş, boyamış, fotoğrafını çekmiş, oyunlara yüklemiş. Adına da *"Momo"* demiş. Bir de bundan maske yapmışlar. Örümcek adam maskesi gibi… Senin var ya! Takmış onu yüzüne, video çekmiş. Hani biz çekip oyun paylaşıyoruz ya! Onun gibi.

Kerem çok rahatladı. Tuvalete tek başına gitmeye, karanlık odada kalmaya, gereksiz kaygılarından kurtulmaya başladı ama hâlâ geceleri uyanıp yanıma geliyor. Bunu da zamanla aşacağız inşallah. Bazen geldiğini duymuyorum ama duyuyorsam mutlaka odasına geri götürüp uyutuyorum. Yanına yatmıyorum, sandalyede oturuyorum. Yine başa sardık anlayacağınız. Sağlık olsun diyorum. Bu kadarla atlattık ya! Şükür…

Bu travma birçok şeye sebep olabilirdi. Alt ıslatma, tırnak yeme, uykuda bağırma, ağlama, saldırganlık... Anlamaya çalışalım çocuklarımızı. Onlar zaten alarm veriyorlar.

Masadaki bıçağı söylemedim, değil mi? Bunu daha sonra sordum. Bir gece uyandığını, Momo'nun balkona kaçtığını ve onu bıçakla kestiğini söyledi. Verilmiş sadakamız varmış. Allah'tan keskin bıçaklarımız onların ulaşamayacağı yerlerde. Kahvaltı bıçağını almış. Bu arada balkonumuz da kapalı balkon. Çocukların ne zaman, nerede, ne yapacağını bilemeyiz. O yüzden her zaman tedbirli davranmalıyız.

Eğer çocuğunuz yeterince büyüdüğü hâlde hâlâ sizden ayrılmak istemiyorsa ve korkuları devam ediyorsa mutlaka bir uzman yardımı almalısınız.

Hatırlıyor musun Baba?

"Hatırlıyor musun baba?.." diye başlamak isterdim söze ve bu sözleri sana söylemek…

İşten eve her geldiğinde hepimizi sırayla kucaklardın. Annem hemen yemeğe çağırırdı. Sen duymazdan gelir, bizimle oynamaya devam ederdin. Çünkü bilirdin akşama kadar gözümüz kapıda seni beklediğimizi.

Sofraya hep birlikte oturur, hepimize tek tek sorardın: *"Bugün ne yaptınız, anlatın bakalım. Ben yokken annenizi üzdünüz mü?"* Aslında üzerdik anacığımızı ama asla annem *"Üzdüler beni."* demezdi. Yemek saati boyunca hep sohbet ederdin bizimle. Bizi dinlerken hep gözlerimizin içine bakardın. Kendimi o kadar önemli ve değerli hissederdim ki!

Sen her pazar kardeşlerimle beni yıkardın. Önce leğene biraz su doldurur, içinde oynamamıza müsaade ederdin. Evimiz sobalıydı o zaman. Sobanın yanına annem kocaman bir bakır leğen getirirdi. Belki de ben küçük olduğum için o bakır leğen bana çok büyük gelirdi. Soba içine odunlar atılır, güldür güldür yakılırdı. Leğenin içine önce su dökerdin biraz. Banyo olacağız diye bir gün önceden kâğıttan gemiler yapardık. Ben çok heyecanlanırdım o gemileri yaparken. Sen biraz sert bir adamdın ama kalbin yumuşacıktı, bilirdim. Çocuk olurdun öyle anlarda bizimle. Yüzündeki o sert adam maskesi düşer yerine pamuk gibi bir ifade gelirdi. Pamuk gibi bir ifade olur mu deme! Ben seni pamuğa benzetirdim bizimle olduğun her an. Benim pamuk babamdın. Gemilerimizi suyun içinde yüzdürürdük. Sen yüzünde kocaman bir tebessümle bizi izlerdin. Gemilerimiz suda eriyinceye kadar beklerdin. Sonra sıra ile yıkardın bizi. Beni hep en sona bırakırdın. Evin en küçüğüyüm diye kıyamazdın. Biraz daha oynayayım diye müsaade ederdin. Annem yıkanan ağabeylerimi giydirir, sen de en son beni yıkar, çıkartırdın. Beni de hep sen giydirirdin. Hepimizi sobanın yanına dizer, kuruyalım diye beklerdin. O arada masallar uydururdun bize. Sobanın yanından kalkmayalım, üşümeyelim diye.

Arkadaşların hep kahveye giderdi, sen ise bizi tercih ederdin. Televizyonda sadece haberleri izlerdin. Anneme hemen kapattırırdın televizyonu. Bize portakal kesip kabuğunu sobanın üstüne koyardın. Evimiz huzur kokardı. Masal kitapları yoktu o zamanlar, sen bildiğin birkaç masalı bize hiç sıkılmadan anlatırdın.

Arabacılık oynardık. Benim kolum vites olurdu. Abilerim şoför, senin ayakların da gaz, fren pedalı... Çok yüce bir duruşun vardı senin baba. Bize hiç bağırmadın, dövmedin, sövmedin. Ama biz yine de senden çekinirdik. Çünkü sınırları o kadar güzel çizerdin ki biz hep nerede duracağımızı bilirdik.

Annemi hep sevdin ve ona saygı gösterdin. Ne annemi ne de bizi asla kimsenin yanında küçük düşürmedin. Hangimizin hatası varsa çektin bir odaya, güzel güzel anlattın. Bizi ne ayağının altında paspas yaptın ne de başında bir taç. Sen hep bizi vücudunun tam ortasında taşıdın. Kalbinde... Sen hep dengeliydin baba. Nerede konuşulması gerektiğini, nerede susulması gerektiğini çok iyi bilirdin. Ben her şeyi senden öğrendim. Sen benim gözümde asla yıkılmayan kocaman bir kayaydın.

Ben şimdi otuz yedi yaşındayım baba. Geçmişe dönüp baktığım zaman ne bana aldığın oyuncakları ne kıyafetleri ne de ayakkabıları hatırlıyorum. Benim tek hatırladığım seninle geçirdiğim zamanlarım. Sen bana mutlu çocukluğun hatıralarını biriktirdin. Babalık nedir diye sorduklarında aklıma hep sen geldin. Senin kocaman yüreğin geldi. Sevgiyi göstermenin ayıp olduğu bir dönemde sen bizi hep sevdin.

Ben senden öğrendiklerimle çocuğuma babalık yapıyorum. Benim babam şöyle yapardı, benim babam böyle yapardı diye diye anlatıyorum çocuğuma seni.

Keşke çocuğum da tanısaydı seni. Senin gibi bir dedenin torunu olduğu için eminim o da gurur duyardı.

Benim hayatta en büyük şansım sendin baba! Sen güçlü ve adaletli olduğun için ben iyi bir insan olmaya çalıştım. Senin gibi bir babanın evladı hata yapabilir mi? Sen bizim hamurumuza hep sevgi, saygı, hoşgörü, adalet, anlayış kattın. Bu hamur aksini mayalayabilir miydi?

Sen iyi ki bana hanlar, apartmanlar bırakmadın baba. Hepsini ben kazanabilir, alabilirim. Sen bana para ile asla elde edemeyeceğim bir çocukluk bıraktın.

Mekânın cennet, yattığın yerler nur olsun babam…

Hakkını helal et…

Seni seviyorum babam…

Eğer Tırnağını Yemeye Devam Edersen Onları Kerpeden ile Dibinden Sökerim!

Kerem iki buçuk yaşında iken sebebini anlamadığım bir nedenden dolayı tırnağını yemeğe başladı. Hatta ilk tırnağını koparıp attığı ana bile şahit oldum. Hemen onu gıdıklamaya başlayıp dikkatini dağıttım. Ama Kerem ilerleyen günlerde de tırnağını koparıp atmaya devam etti. Altında bir travma sebebi aradım ama yok, bulamadım. Hatta çocuk psikiyatri uzmanına bile götürdüm. Tamamen sadece keşfetmiş. Bir süre hiç yorum yapmadan sadece dikkatini dağıttım ama nafile, ne zaman boşta kalsa tırnaklarını koparmaya devam etti. Tam bir yıl sadece dikkatini dağıttım. Onu hiç UYARMADIM. Boşta kalmamasına dikkat ettim. Boşta kalınca eline oyuncak verdim oyalansın, tırnağını koparmasın diye.

Çünkü bu tarz durumlarda ne kadar uyarırsak davranış o kadar pekişir ve görülme sıklığı da o kadar artar. Parmak emme, tikler, altını ıslatma, problem davranışlar (tükürme, ısırma gibi) görüldüğü zaman uyarmak, tırnak yemede olduğu gibi böyle durumlarda da çok sakıncalıdır. (Bu tarz rahatsızlıklar biyolojik kökenli de olabilir. O yüzden mutlaka çocuk doktoru da görmelidir.)

Ben seni anlıyorum anne! Bu davranışlar çok sinir bozucu! İnsanı psikolojik olarak çok yoruyor. İstemsiz uyarıyor, kızıyor ve hatta bazen kendinizi tutamayıp vuruyorsunuz. Ama hiçbiri çözüm olmuyor, değil mi? Hem kendiniz hem çocuğunuz psikolojik olarak çok yıpranıyor. Bir de sakın ha! Tehdit etmeyin ve korkutmayın.

- Tırnağını yersen karnından kurt çıkar.
- Parmağını emersen parmağında kocaman yara çıkar ve parmağın kopar.
- Altına kaçırırsan poponu yakarım.
- Arkadaşına tükürürsen dilin şişer ve nefes alamazsın.

Bu şekilde davranırsanız durum daha çekilmez bir hâl almaya başlar. Çocuğunuz travma bile geçirebilir. Bu sefer de doktor doktor gezip çareler aramaya başlarsınız. Siz böyle davrandıkça doktor ne yaparsa yapsın çözüm olamayacaktır.

Her problem davranışta verdiğiniz ilk tepki çok önemlidir. O tepki, davranışın kaderini belirler. İlk görüşte aşk gibi! Bekâr olduğunuz zamanları düşünün. Yanınızdan geçen kişiye ilk bakışta vuruldunuz. Şimdi bu aşkın alevlenmesi için ne lazım? Sizde oluşan etkiye tepki! Yanınızdan geçen tepki verirse etki devam eder. Ama suratınıza bile bakmadan geçip giderse etki birkaç saat veya birkaç gün içinde söner. Etkinin devam etmesi için tepkinin devam etmesi lazım. Yani yanınızdan geçerken size göz kırpması, dönüp dönüp arkasına bakması hatta durup sizin onun yanına gitmenizi beklemesi gibi… İşte bir de telefon numarası alınırsa o etki, bu tepkiden dolayı alevli bir şekilde devam eder. Problem davranışın görülme sıklığının artması işte bu olaydaki gibi gelişir. Sizde hiç tepki yoksa etki alevlenmeden söner. Ama tabii bazı durumlarda aylarca hatta yıllarca sürebilir. Bu durumda da yine tepkisiz kalarak olayı dolaylı yollarla çözmeye çalışmak gerekir.

Bir de bu su süreçte bir tepki verilecekse tepki illa kişiye değil, davranışa olmalıdır. *"Sen pis bir çocuksun!"* demek kişiye tepkidir. *"Tırnak yemek mikropların vücudumuza girmesini sağlayarak bizi hasta ettiği için doğru değildir."* sözleri ile verilen tepki davranışa yöneliktir.

Sabır her olayda olduğu gibi burada da çok önemlidir. Sabret güzel annem! Ben tam iki sene sabrettim. Neden mi? Çünkü anlatsam kalbim çocuğumun anlayacağına ikna olmadı. Yaşı daha çok küçüktü. Dikkatimi çektiğini anlasın da istemedim. Eğer çocuk bunu bir anlarsa yandınız demektir. Sizin dikkatinizi çekmek için var gücü ile aynı davranışı yapacaktır.

Kerem üç buçuk yaşına geldi. Bir gün onu aldım yanıma. *"Bak, evlat! Eğer tırnağını yemeğe devam edersen onları kerpeten ile dibinden sökerim. Sen de yiyecek tırnak bulamazsın."* Kerem baktı annesi sıyırdı, tırnaklarını da kaybetmemek için bir daha yemedi. Ne beklemişim boş yere bir sene! Bak olay çözüldü, hemen! Dermişim :D Tabii ki öyle bir şey demedim. Şaka yapıyorum, şaka!

Peki, ne mi yaptım? Parmak kuklası hazırladım. Anne, çocuk ve şiş parmak... Kerem'i oturttum yanıma. Anne ve çocuğun resmini parmağıma taktım. Hikâyemi anlatmaya başladım.

- Bir varmış, bir yokmuş. Mutluluklar ülkesinde yaşayan Ali adında bir çocuk varmış. Ali elma, armut, muz yemeyi çok severmiş. Ama Ali'nin yemeği çok sevdiği bir şey daha varmış. Kerem, ne olabilir sence?

- Pasta. (Siz de hikâyeyi anlatırken tam burada aynı soruyu sorun. Hem çocuğunuzun dikkatini çekmiş olursunuz hem de farkındalık oluşturmuş olursunuz.)

- Pasta çok güzel bir cevap. Ama pasta değilmiş. Tırnaklarıymış.

- Kerem hemen ellerini arkaya sakladı.

Ben anlatmaya devam ettim.

- Elmayı, armudu yerken arada dalar, tırnağını fare gibi kemirirmiş. Ali çoğu zaman tırnağını kemirdiğini bile fark edemezmiş. Ali bir gün tırnağını kemirirken çok canı acımış. Eyvah! Ali'nin tırnağının yanındaki et hem çok acıyor hem de biraz kanıyormuş. Ali büyük bir acı ile annesinin yanına gitmiş. (Burada çocuğumuza şunu soralım. *"Sence Ali'nin tırnağı neden kanadı? Canı çok acımış mıdır gerçekten? Senin de tır-*

nağının böyle acıdığı oluyor mu?" Cevapları dinledikten sonra yorum yapmadan devam edelim.)

"Anne, parmağım çok acıyor." demiş. Annesi hemen ellerine bakmış. Ali'nin iki tırnağının eti de kanıyormuş. Annesi durumu hemen anlamış ve Ali'ye demiş ki:

(Devam etmeden önce şunları soralım *"Sence ne demiş olabilir? Sen Ali'nin annesinin yerinde olsan başka neler söylerdin?"*)

"Aliciğim, tırnakların onları yediğin için kanamış. Hem biliyor musun, tırnaklar mikropların evidir. Tırnaklarının içine girip saklanıyorlar. Sen tırnaklarını yerken o mikropları da yemiş oluyorsun ve böylelikle mikroplar ağzından içeri giriyor. Üstelik tırnağın yara olup kanadığı zamanlarda o mikroplar yarandan vücuduna kolaylıkla girebiliyor." (Şiş parmaklı el kuklasını da parmağımıza takalım. Parmağımızda üç tane kukla olmuş oldu.)

Ali'nin o gün canı çok acımış. Üstelik tırnağı sürekli kanamış. Ali o gece ağrılar içinde uyuyakalmış. Ertesi gün uyandığında iki parmağının da şişmiş olduğunu görmüş. Üstelik dünden daha çok ağrıyormuş. Parmağı kocaman şişmiş ve yara olmuş.

Dikkatle beni dinleyen Kerem *"Anne, çok acıdım çocuğa. Yazık!"* dedi.

Ben anlatmaya devam ettim.

- Ali'yi annesi o gün doktora götürmüş. Doktor, Ali'nin parmaklarını görünce: "*Tırnaklarını yediğin için mikroplar yaralardan içeri girmiş ve parmaklarını hasta ederek onların böyle şişmesine sebep olmuş. Sana şimdi bir ilaç vereceğim. Ama tırnaklarını yemeye devam edersen elinde daha büyük yaralar çıkabilir.*" demiş. (Çocuğumuza soralım: "*Sen doktorun yerinde olsaydın Ali'ye tırnağını yememesi için nasıl tavsiyelerde bulunurdun?*")

Ali'nin canı o kadar acıyormuş ki. Bir daha asla tırnağını yemeyeceğine annesine ve doktoruna söz vermiş. Ali çok pişman olmuş ve bir daha tırnaklarını asla yememiş. (Sence Ali tırnağını bir daha yememek için neler yapmıştır?)

Kerem'e masal anlatarak bu problem davranış ile ilgili farkındalık oluşturmaya çalıştım. Siz de aynı yöntem ile çocuğunuzda birçok konuda farkındalık oluşturabilirsiniz. Özellikle masalı anlatırken çocuğa sorular soruyoruz ki bu konu ile ilgi algıları açılsın, çözüm odaklı düşünmeye başlasın ve çocuk çözüm sürecine kendi fikirleri ile dâhil olsun. Yani bulmacayı kendi çözsün.

Bu masal Kerem üzerinde bayağı etkili oldu. Gözle görülür şekilde tırnak yemeği bıraktı. Ama arada da olsa tırnağını koparıp attığını görüyordum. En azından bir süre tırnakları uzuyordu. Sesimi çıkarmadan beklemeye devam ettim. Tırnaklarını yemesine fırsat vermeden tırnaklarını sık aralıklarla kesmeye çalıştım. Tırnağını her kestiğimde de tırnak arasına saklanan mikropların bizi nasıl hasta ettiğinden bahsettim. Ali'nin hikâyesini hatırlattım.

Direkt uyarılardan kaçınıyoruz, bu çok önemli, unutmuyoruz. Dikkat dağıtmak, dolaylı yollarla uyarılarda bulunmak bu süreçte önemlidir.

Kerem dört yaşında iken bir gün okuldan geldi ve bana:

- Anne, bana okulda doğum günü partisi yapar mısın? dedi.

Çok istekli duruyordu. Okulda arkadaşlarına doğum günü partisi yapılması onu heveslendirmişti anlaşılan. Hemen bunu avantaja çevirmeliydim.

- Kerem, şimdi doğum günü yapamayız. Daha doğum gününe çok var. Ama tırnaklarını yemekten vazgeçersen sana *"Artık tırnağımı yemiyorum!"* partisi yapabiliriz.

Tamam, dedi. Ama sözünü tutamadı. Ben yine sabırla beklemeye devam ettim. Bir ay sonra,

- Anne, tırnağımı yemeyeceğim, sen de parti yap bana, dedi.

Hemen bir anlaşma yaptık. Ben bir tane tırtıl çizdim. Tırtıla yedi tane gövde çizdik. Tırnağını yemediği her gün için tırtılın gövdelerinden bir tanesini boyadık. Kerem her gün büyük bir hevesle tırtılını boyadı. Eve gelen herkese her gün tırnaklarını gösterdi. Çok mutluydu. Sürece severek dâhil oldu. Yedi günün sonunda tırnakları uzamıştı ve biz de hemen pastamızı yaptırdık. Ertesi gün okula pastamızla birlikte gittik. Bütün çocuklara el çizdim ve elleri keserek uçlarına kâğıttan uzun tırnaklar yaptım. Kerem'in isteği üzerine başına elden bir kral tacı yaptık. Heyecanını anlatamam. Arkadaşlarına Kerem ile yaşadığımız süreçten biraz bahsettim. Tırnak yemenin zararlarını anlattım.

- Çocuklar, Kerem size bugün bir şeyler söylemek istiyor.

Kerem'in önce konuşmasını istedim. Bu süreçle ilgili arkadaşlarına ne söylemek istiyorsa kendi anlatması daha doğru olurdu. Belki süreçle ilgili paylaşmak istemediği şeyler olabilirdi. Ben de onun alanlarına saygı duydum ve onun bahsetmediği hiçbir şeyi arkadaşlarına söylemedim. Çocuklarınızı direkt ilgilendiren konularda konuşurken onun düşüncelerine saygı duyun. Söylemenizi istemediği şeyleri asla bahsetmeyin. Mutlaka müsaade isteyin. Kerem arkadaşlarına:

- Ben önceden tırnaklarımı yiyordum ama mikropların artık içime girip beni hasta etmesini istemediğim için yemiyorum. Tırnak yemek hiç doğru bir şey değil, dedi.

Kerem'in konuşması bittikten sonra ben anlatmaya başladım:

- Çocuklar, tırnaklarımızın da vücudumuzda görevleri vardır. Mesela parmak uçlarımıza kalkan olur ve korur. Bir yeri kazımak istediğimizde tırnaklarımızı kullanırız. Düşünsenize tırnaklarımız olmasa nasıl kaşınabilirdik?

Çocuklar büyük bir merakla beni dinliyorlardı.

- Tırnaklarımız uzadığı zaman mikroplara ev olur. Çünkü ellerimiz ile her yere dokunduğumuz için eşyalarımızdaki mikroplar hemen tırnaklarımızın içine saklanır. Eğer siz parmaklarınızı ağzınıza sokarsanız ve tırnaklarınızı yerseniz o mikroplar ağzınızdan içeri girer ve sizi çok hasta edebilir. Bu yüzden tırnaklarımızı çok uzatmadan mutlaka annemize kestirmeliyiz.

Okula gelmeden önce hazırladığımız uzun tırnaklı elleri ve makasları çocuklara dağıttık. Ben Kerem'in tırnaklarını kestim, arkadaşları da onlara dağıttığımız ellerdeki tırnakları kesti. Bu çalışma hepsi için çok faydalı bir çalışma oldu. Kerem o günden sonra bir daha tırnaklarını hiç yemedi hatta sınıfında tırnak yiyen bir arkadaşı da o günden sonra tırnak yemeyi bırakmış.

Tırnak yeme gibi problemli davranışlar aile içinde maalesef büyük krizler yaşatabilir. Çünkü bu tarz problem davranışlara ailelerin tahammülü çok düşük oluyor.

Aslında bu süreçte kriz yönetimi ve çocukla kurulan ittifak çok önemli. Yukarıda bahsettiğim parti Kerem'de neden etkili oldu? Çünkü Kerem kendisi için parti yapılmasına çok istekliydi. Bu konuda isteği olmayan bir çocuğa partiyi pekiştireç olarak kullanırsanız etkisiz olur. Bu yüzdendir ki yapılan anlaşma önemlidir. Ama grup çalışmalarında el etkinliği başarılı bir çalışmadır. Çocukların aktif olarak sürece dâhil olmasını sağlar. Çalışmayı somutlaştırır. Kalabalık gruplarda veya bireysel çalışmalarda kullanabilirsiniz. Ama yeniden tekrarlıyorum; tırnak yeme, parmak emme, alt ıslatma davranışı psikolojik kökenli ise önce bunun altında yatan neden bulunmalı ve çözülmelidir. Bunun için mutlaka bir uzman yardımı alınmalıdır. Yoksa ne yaparsanız yapın sorun çözülmez. Yukarıda anlattığım masalda çocuğunuza *"Ali tırnaklarını neden yiyor olabilir?"* diye bir soru yönelterek çocuğunuzda fark edemediğiniz bir sorunun cevabını bulabilirsiniz. Çocukların iç dünyasını en iyi masallarla ve oyunlarla anlayabilirsiniz.

ÇÜNKÜ ÇOCUKLAR OYUN VE MASALLARLA ÖĞRENİR, GELİŞİR VE İYİLEŞİR...

Not: Parmak kukla ve tırnak kesme etkinliğinin örneğini fikir vermesi açısından kitabın sonunda sizlerle paylaştım.

Bugün Bir Dilek Tuttum Anne

Bugün bir dilek tuttum anne.
Allah'tan seni diledim.
Allah'ım sen annemi koru, dedim.
Ben sokağa tek başıma çıkmayı bilemem.
Elbiselerimi bile hâlâ tek başıma giyemem.
Hem annemin sözü var.
Bana bisiklet binmeyi öğretecek.
Onu koru Allah'ım.
Sen annemi koru ki annem de beni koruyabilsin.
Hem biliyor musun Allah'ım?
Ben tırnaklarımı kesmeyi de bilemem.
Annem keser hep tırnaklarımı.
Annem yıkar beni.

Çünkü ben banyo yapmayı da bilemem.

Biliyor musun Allah'ım?

Ben dünyaya geldiğimde konuşmayı da yürümeyi de bilmiyordum.

Hepsini bana annem öğretti.

Annem olmazsa hasta olunca bakanım da olmaz.

Sırtım terleyince hemen annem sırtıma bir bez koyar,

Karnım acıkınca yemeğimi annem yapar.

Bazen geceleri korkarım, aklıma kötü şeyler gelir.

Hemen annemin yanına koşarım.

Hele beni bir bağrına basması var Allah'ım,

Kimse onun gibi ne bağrına basar ne koklar.

Annem dedi ki Allah'ım,

Biz her şeyi Allah'tan isteriz.

Ben senden yeni oyuncak arabalar istemiyorum.

Sadece annemi koru Allah'ım.

Ben babamı hiç tanımadım.

Annemin karnında iken o şehit olmuş.

Bizi bekliyormuş çok uzaklarda.

Bizim sınıfta Ayşe adında arkadaşım var.

Her gün beslenmesine bisküvi koyuyor.

Üstü hep kirli, tırnakları uzun,

Saçları hep karışık geliyor okula.

Bir gün öğrendim ki Ayşe'nin annesi yokmuş.
Kavuşacakları günü bekliyormuş uzaklarda.
Hemen anneme koştum Allah'ım.
Ayşe'nin annesi yokmuş, sen ona da annelik yapar mısın?
Diye sordum.
Olur, dedi annem. Ayşe'yi evinde ziyaret ettik.
Babasından izin aldı annem,
Haftada bir gün bize gelecek.
Bak görüyor musun Allah'ım?
Annem sadece benim annem değil,
Ayşe'nin de annesi oldu.
Ayşe artık okula tırnakları uzun, üstü kirli gelmiyor.
Annem ona saçlarını taramasını ve toplamasını öğretti.
Beslenmesini de annem koyuyor.
Annemi benden alma Allah'ım.
Ben gördüm ki annesiz kalan çocuk çok mutsuz oluyor.
Annesiz çocuklar boynu bükük kalıyor.
Biliyorum annemi bana, beni de anneme sen verdin.
Bu yüzden senden diliyorum Allah'ım;
Annemi benden sakın alma,
Beni büyütmesine fırsat ver.

Ben de bir gün büyüdüğümde asla evlenmeyeceğim Allah'ım.

Annemi asla yalnız bırakmayacağım.

Annesiz kalmak çok zor Allah'ım.

Belki babasız kalmak da çok zordur da

Ama ben hiç baba kokusu almadım.

O yüzden babasız kalmak nasıl bir şey bilemiyorum.

Bazen arkadaşlarım babaları ile geliyor okula.

Benim de elimi tutan bir babam olsaydı diyorum.

Ama annem var deyip mutlu oluyorum.

Beni annemden ayırma Allah'ım.

Eğer babam gibi birimizi yanımıza alacaksan

O ben olayım Allah'ım.

Ben annesiz yapamam da annem bensiz yapar Allah'ım.

Altı yaşındaki bir şehit çocuğunun yüreğinden kalemime döküldü bu sözler. Aslı ile sosyal medya hesabıma attığı bir mesaj ile tanıştık. Mesajından çok etkilendiğim için numarasını isteyip onu aradım. Aslı'nın hikâyesi yüreğimi derinden yaraladı. Aslı, evladında hamileyken polis olan eşi kör bir kurşunla şehit olmuş. Çocuğunun çok korktuğunu, kendisinden hiç ayrı kalamadığını ve çaresizliğini anlattı. *"Ne yapacağım bilmiyorum. Sizi kendime yakın hissettim ve yazdım."* dedi.

Daha doğmadan hayatın zorlukları yüklenmiş yavruya ve onun güzel annesine. Ölümü nasıl anlatacağını bilememiş önce. Bir gün almış oğlunu, mezarlığa gitmiş. *"Baban burada yatıyor ve başka bir âlemde kavuşacağımız günü bekliyor."*

demiş. Çocuk önce çok anlayamamış. Mezarlıktan dönerken annesine hiç tepki vermemiş. Belki babasını hiç tanımadığı için anlam veremedi. İnsan hiç tatmadığı duygunun yokluğunu anlayamıyor. Bir gün sınıfındaki Ayşe'nin annesiz olduğunu öğrenince yüreğini korku kaplamış. *"Ya annemi de kaybedersem?"* O günden sonra okul dışında hiç ayrılmamış annesinden. Anne, hayatlarını devam ettirmesi için çalışmayı düşünüyor ama çocuğunu nasıl bırakacağını bilmiyor.

Çocuğun biraz zamana ihtiyacı var. Bu travma hemen birkaç günde atlatılmaz. Küçük yavrunun yüreğine koydum kendi yüreğimi! Koca bedenim kaldırmadı bu sorumluluğu. Dedim ki anneye *"Sen onu sar sarmala, koynunda yatır. Onun yüreğindeki acının dinmesi için zamana ihtiyacı var. Aradan birkaç ay geçsin, sabırlı ol ve bekle."* Babasız büyümüş yavrum. Şimdi ise yüreğini anneyi kaybetme korkusu sarmış. Yazdığım şiirdeki sözleri annesine yavrum her gün söyler olmuş.

"Evde saklambaç oyna." dedim. *"Önce evin içinde kaybol sonra geri geldiğini görsün. Hatta siz bu oyunu daha bebekken oynayın ki çocuğunuz kaybolduğunuzda geri geleceğinizi bilsin. Sonra on dakika onsuz bir yere git. Mesela saat üzerinden 'Bak, uzun çubuk sekize geldiği zaman geleceğim.' de. Buçukta evden ayrıl. Kapının önünde biraz bekle. Dakika çubuğu sekize gelince hemen eve gir. İlk ayrılık biraz kaygı yaratacaktır ama zamanla alışacaktır. Sonra beşer dakika artırarak kademeli olarak süreyi uzat. Gidip geri geldiğini görsün. Ayrılığın kısa olduğuna kalbi*

ikna olsun. Sonra neden işe başlaman gerektiğini anlat. Bu kadar koca yürekli bir çocuk eminim seni anlayacaktır."

Anne dediğimi yaptı; okuldan sonra anneannesine bıraktı, markete gidip hemen geleceğini söyledi. Çocuk biraz kaygılandı ama on dakika sonra annesini görünce mutlu oldu. Ertesi gün yine bıraktı, on beş dakika sonra geldi. Beş dakika artıra artıra yarım saate kadar anne ayrılık süresini uzattı. O sırada çocuğun yüreği yaşadığı korkudan soğumaya başladı. Anneannesi ile mutluydu zaten, onun kaygısı anneyi kaybetmekti. Sonra annesi kademeli artırarak iki saate kadar ayrı kaldı oğlundan. Anneannesi ile kalmayı başardı küçük Ege. Artık biliyordu ki annesi gittiği zaman geri gelecekti. Sonra çalışacağını, sabah evden çıkacağını, o yokken öğlen okula gidinceye kadar anneannesi ile evde kalacağını anlattı. Neden çalışması gerektiğini de ince ayrıntılarına kadar bahsetti. Ege koca yürekli bir çocuktu. İçi biraz burkulsa da annesini beklemeyi öğrendi. Akşam okul çıkışlarında hep annesi aldı ve ona çıkışlarda hep kendisinin alacağının sözünü verdi. Eğer aksi bir durum olacaksa mutlaka öğretmenine haber verdi. Ama anne mümkün olduğu kadar söz verdiği gibi kendisi gitti.

Aslı hem kendi oğluna hem Ayşe'ye analık yapıyordu. Ege, Ayşe'den bahsedince Aslı'nın yüreği buna dayanmamış. Ertesi gün öğretmenleri ile görüşüp hemen Ege ile Ayşe'nin evlerine gitmiş. Baba ile görüşüp Ayşe için bir şeyler yapmak istediğini söylemiş. Hafta sonları Ayşe'yi ve Ayşe'nin kıyafetlerini alıyor. Hep birlikte vakit geçiriyorlar. Ayşe'nin kıyafetlerini yıkıyor, ütülüyor ve akşam babasına teslim ediyor. Ayşe de artık çok mutlu. Babası hep Aslı'ya duacı. Ayşe imkânsızlıklar içinde büyürken Aslı ona gerektiğinde güneş, gerektiğinde gölge oluyor.

Aslı kocaman yürekli bir kadın. Hâlâ ara sıra konuşuruz. Ben Aslı'dan bir hayat dersi aldım ve bu tecrübemi Aslı'nın iznini alarak sizlerle paylaşmak istedim.

Hamile iken eşsiz kalmış bir anne ama hayatı bırakmamış. Bana demişti ki *"Eşimin şehit haberini alınca çocuğum karnımda ölsün diye çok dua ettim. Hatta karnıma yumruklar attım. Baban öldü, sen de öl, dedim. Acım çok büyüktü. Günlerce kendimi bilmeden yattım. Sonra bir gün rüyamda Ege'nin doğumunu gördüm. Ege'yi kucağıma verdiler. Yavruma sarıldım. Kokusunu duydum hocam. Gözlerimi açtım. Aradan kaç gün geçti, saat kaç, neredeyim, hiç bilmiyordum. Hemen kalktım, elimi yüzümü yıkadım. Annemin evindeydim. Ben de babasız büyüdüm hocam. Benim kaderimi çocuğumun yaşayacak olması beni kahretmişti. Eşim öleli tam on iki gün geçmiş, günlerden salı, saat akşam 10.00 olmuş. Anneme acıktım dedim. Oturdum, yemeğimi yedim. Hem ağladım hem yedim. Çok pişman oldum. Ben yavrum ölsün diye dua ederken o bana nefes oldu. Yeniden tutunmak için sebep oldu. Abdest aldım, namaz kıldım. Allah'tan af diledim. İşte o gün ben Ege'm için yeniden doğdum."*

Hiçbir şey kolay değil hayatta. Yarın ne ile sınanacağımızı hangimiz biliyoruz? Binlerce aileden mesajlar aldım. Çok küçük meselelerden dolayı psikolojisi bozulmuş aileler tanıdım. Çocuğu geç konuştu, geceleri altını ıslatıyor, çok ağlıyor, arkadaşı yok diye kendini kahreden ne insanlarla konuştum. Psikolojilerimiz hemen bozulmaya ne kadar hazır. Şu sözü çok severim: *"Derdim büyük diye üzülme, senin derdini servet dökerek alacak insanlar var."* Ölüm döşeğinde olan bir hasta gibi mesela... Evet, anlıyorum neren acırsa canın oradadır. Birinin parmağı kesilir, o bilir çektiği acıyı; bir başkasının parmağı kopar, o da çektiği acıyı bilir. Kimse kimsenin acısına, acın benim acımdan küçük diyemez elbet ama nefes alıyorsak mutlu olmak zorundayız.

Aslı bir annenin başına gelebilecek en kötü acıları yaşamış. Ama evladına ben çok acılar çektim diyerek asla kötü davranmamış. Öyle ki başka bir yavruya bile elinden geldiği kadar analık yapmaya çalışıyor. Aslı, gıda mühendisi bir anne. Yıllarca yavrusunu büyütmek için çalışma hayatına ara vermiş. Babasızlığını hiç hissettirmemiş. Aynı ev içinde babalı babasız büyüyen çocukları düşününce içim cız etti. Dünya telaşına dalmış, bu dalgınlıkla yavrusunun farkında olmayan aileleri düşününce bir daha cız etti.

Bir aile bireysel görüşme seansında bana şöyle demişti: *"Önceden çocuğumu içimdeki öfkeyi dindirmek için döverdim ama şimdi dövsem de öfkem dinmiyor. Durup durup dövesim geliyor. Önceden söylemeye dilim varmazdı şimdi rahatlıkla söylüyorum. Çocuğumu döverken içim hiç acımıyor. Çünkü çocuğum beni hiç dinlemiyor."* Kanım donmuştu. Bir anne bu cümleleri nasıl kurabilir? Nasıl çocuğunu döverken rahatlar? Dünyanın lüksüne dalmış bir anne. Yıllarca çalışmış, ev, araba alma hırsı onun gözünü kör etmiş. İşten eve gelince çocuğu biblo gibi otursun istemiş. Çocuk da akşama kadar anneyi özlediğinden dikkatini çekmek için elinden geleni yapmış. Ama anne bunu hep yaramazlık, söz dinlememe gibi algılamış. Anne, iş yerinde bütün enerjisini tüketip geldiği için çocuğuna tahammülü bitmiş. Ama bunların hiçbiri mazeret değil ki! Çocuk anlar mı yorgunluktan? O anne şefkati ister. Merhamet ister. Çocuk dayak yedikçe bence annesinden o da nefret etmiş. Acilen destek alması için bir psikiyatrist tanıdığıma yönlendirdim.

Eğer öfkenizi kontrol edemediğinizi düşünüyorsanız mutlaka bir destek alın. Destek alın ki o yavrular geleceğin acımasız insanları olup başka ailelerin yavrularına zarar vermesin.

Hayat zor değil aslında. Zor olan bizleriz. Duygularımızı, düşüncelerimizi zindanlara atıyoruz. Aydınlığa çıkmalarına izin vermiyoruz. Sonra sanıyoruz ki her yer karanlık, çözüm yolu yok. Kör kuyulara kendimizi çekiyoruz da çekiyoruz. Güneş hiç doğmaz sanıyoruz. Unutma geceyi kovalayan hep güneştir... Hadi elini vicdanına koy. Yaşadığın olumsuzluklarda sen olayların neresindesin? Ne kadar çözmek için uğraştın? İnsanları, yaşadıklarını affetmek ve kabullenmek ruhu özgürleştirir. Ama sorunlarınla yapışık ikiz hayatı yaşarsan, mutsuzluk kaderin olacaktır. Hangi dert ölüm kadar çaresiz?

Aslı kendini eşi ile mezara diri diri gömebilirdi. Ama bunu tercih etmedi. Aslı önce evladı, sonra kendi için yaşama dönmeyi tercih etti.

Bir gün bir adama sormuşlar *"Yüz yaşına geldin, ne kadar uzun yaşadın, nasıl geçti bu yüz yıl?"* diye. Adam demiş ki: *"Bir ağacın gölgesinde serinlenirken, yüzünü yalayıp geçen rüzgâr gibi kısaydı."* Yüz yıl da yaşasan, bin yıl da yaşasan, sonunda ölüm varsa eğer inanın her şey o kadar boş ki...

Bir baba çocuklarına *"Ben ölürsem beni çoraplarımla gömün."* diye vasiyet eder ve sağlığında bir mektup bırakır. Üzerinde bir not: *"Bu mektubu en çaresiz kaldığınız anda açın."*

Adam yıllar sonra ölür. Vasiyeti üzerine çocukları çorapla gömmek isterler. Ama imam buna asla izin vermez. Nitekim bütün karşı çıkmalara karşı adam çorapsız gömülür. Çocuğun aklına mektup gelir. Çok çaresizdir çünkü. Hemen mektubu açar ve içinde bir not: *"Gördün mü evlat, öbür dünyaya bir çorap bile götüremiyorum."*

Ölürken çorap bile götüremiyorsak bu dünyada ne için bu telaşe, bu öfke? Dünya hayatında ne kazanırsak, ne yaşarsak hepsi burada kalıyor. Unutmayın, hayat sizin planladığınız gibi ilerlemez. Bir gün karşınıza öyle sürprizler çıkar ki! Ne bir adım ileri ne de bir adım geri gidebilirsiniz. Mutlu ve huzurlu sona ermek de sizin elinizde, tam tersini yaşamak da. Hayat sahnesinin senaristleri bizleriz aslında. Hayata nasıl bakıyorsak olayları öyle çözüyoruz. Düşün bakalım! Çözüm odaklı mısın, sorun odaklı mı?

Bu arada Aslı'yı canıgönülden tebrik ediyorum. Birçok anne kendi evladının sorumluluğunu yerine getirmeye üşenirken Aslı her iki çocuğa hayıflanmadan yetişmeye çalışıyor. Sahi kaç anne bu duyarlılığı gösterirdi? Etrafınıza bir bakın bakalım, kaç çocuğun size ihtiyacı var?

Ben Kopmuş Muz İstemem!

Bir gün Kerem muz istedi benden. Daha üç yaşlarında filan. Ben de rahat yesin diye ikiye böldüm muzu. İşgüzar mısın kızım? Ne diye muzu bölersin ikiye? Çocuk isterse böler zaten. Kerem bir bastı cayırtıyı "Ben kopmuş muz istemem!" diye. "Oğlum evde başka muz yok." diyorum. Çocuk Nuh diyor, peygamber demiyor. Ne yapsam ne yapsam derken,

- Kerem, bir muz mu daha çok iki muz mu, dedim.

- İki muz, anne, dedi.

- Elinde kaç muz var?

- İki.

- Peki, dört tane muzun olsa mutlu olur muydun?

- Evet.

- Gel bakalım. Ver şimdi muzlarını bana.

Muzları aldım, dört eşit parçaya böldüm.

- Bak, dört muzun oldu, gördün mü?

- Evet anne, yaşasın! Dört muzum oldu!

- Sekiz tane muzun olsun mu?

- Yaşasın! Olsun anne.

Nitekim muzu sekiz parçaya böldük ve Kerem mutlu mesut muzunu yedi. Bunun tam tersi *"Başlarım senin muzuna. Muz filan yok sana. Şımarık şey. İyice yüz verdik sana..."* şeklinde olsaydı? Bakın, olay aynı ama tepki farklı. Düşünün bakalım bu iki farklı tepki çocukta hangi duygulara sebep olurdu?

Hayat bu muz meselesindeki kadar basit aslında. Zor olan biziz.

Mutlu aile ortamı ailelerin hayata bakış açıları ile ilgilidir. İş stresi eve yansır, ev işi yetişmez, bu sebepten tahammül kalmaz, insanlar hep gergin. Sonra diyorsunuz ki *"Hocam, benim çocuğum çok hırçın!"* Sizler ne kadar sakinsiniz ki çocuğunuz sakin olsun?

Ya sallayın her şeyi bir kenara, anı yaşayın! Dün bitti, yarın meçhul, o yüzden bugünü yaşa! Geçmiş acı, gelecek kaygı, an mutluluk verir insana. Biz hep dünde ve yarında yaşadığımız için anı hep kaçırırız. Hayat bu! Elbette birçok duyguyu barındıracaktır. Ölüm de olacak, yeniden doğmak da. Ayrılık da olacak, kavuşmak da. Acı da olacak mutluluk da... Komik bir olaya günlerce gülüyor musun? Acıya da günlerce üzülme...

Sen Ölme Anne!

"O*lur, ölmem oğlum. Sen bu hayatta nefes aldığın müddetçe ben hiç ölmem.*" demeyi çok isterdim ama diyemedim. Sözler boğazıma bir düğüm oldu. İstemsiz aktı gözyaşlarım.

Kerem bir gün okuldan gelince boynuma atladı.

- Sen sakın ölme anne. Ben seni çok seviyorum. Sen ölürsen beni de seninle toprağın altına gömsünler.

Şok oldum bu cümleleri duyunca!

- Tamam, sakin ol. Bak şimdi ben senin yanındayım. Hepimiz çok sağlıklı ve mutluyuz. Sen neden düşündün şimdi bunları, anlat bakalım bana.

- Bizim sınıfta Ahmet söyledi. İnsanlar ölünce toprağın altına gömülüyormuş. Seni toprağın altına gömsünler istemiyorum. Ben annesiz kalmak istemiyorum.

Çok korkmuş ve kaygılanmış benim yavrum. Her annenin duasıdır "*yavrusunu büyütmek*". Rabbim hiçbir evladı ailesiz koymasın.

- Tamam, bir sakinleş bakalım. Toprağın altına gömülmek yok olmak değildir. Bak toprağa tohum ekiyoruz. Yok mu oluyor? Toprağın üstüne çiçek veya ağaç olarak çıkıyor. Evet, insanlar ölünce toprağa gömülür. Ama bu ayrılık demek değildir. Başka bir âlemde kavuşmak için beklemektir. Hani sen bazen anneannene gidiyorsun ve beni orada bekliyorsun ya! İşte onun gibi düşün. Ama şimdi ölümü düşünme. Bak şu an hepimiz bir aradayız. Allah izin verirse uzun yıllar da birlikte olacağız. Önümüzde çok uzun yıllarımız var. Sağlıklıyız. Mutluyuz.

- Yani ölürsen beni Allah'ın yanında mı bekleyeceksin?

- Evet, tabii ki!

- Heee! Tamam anne. Ben de seni bir daha hiç göremeyeceğim sanmıştım.

Kerem oyuncaklarının yanına gitti. Çok rahatladı. Ama benim göğsüme bir kaya oturdu. Yatak odasına giderek dakikalarca ağladım. Ya bana bir şey olursa? Onları kim benim gibi sarar? Sonra dedim ki *"Allah var. Bizlerin sahibi var."*

Çocuklarınız siz bahsetmeseniz bile ölüm kavramı ile karşılaşabilir. Bu onlar için ciddi kaygı oluşturabilir. Çocuklarımıza yalan söylemeden onları rahatlatacak şekilde, onların yaşlarına uygun şekilde anlatalım. Ben böyle anlattım. Yüreğim çok kanadı anlatırken ama anlattım işte!

Belki size de bir faydası olur diye sizinle de paylaşmak istedim.

Bu Çocuk Neden Konuşmuyor?

Yiğit çok sakin bir bebekti. Ne gece ne gündüz; hiç üzmedi beni. Dünyaya geldiği günden beri hep güldü. Belki inanamayacaksınız ama ben onun üç yaşına kadar nasıl ağladığını bile anlayamadım. Bir çocuk bu kadar mı uysal olur?

İki yaşına doğru Yiğit'te değişiklikler olduğunu fark ettim. Yönergelerimi yerine getirmiyor. Sanki beni anlamıyor. Özel eğitime yıllarını vermiş bir anne olarak daha hassas davrandığım doğru ama bu öyle bir şey değildi. Odandan kırmızı arabanı getir, diyorum. Odasına değil, mutfağa gidiyor, elinde alakasız bir şey ile geri dönüyor. Bir tane kelime bile söylemiyor. Otizm olduğundan şüphelenmeye başlıyorum ama çok güzel göz kontağı kuruyor, gayet sosyal, adına kim seslenirse bakıyor, bizden ayrılınca kaygılanıyor...

Ben olaya hâkim olduğum için her türlü durumu değerlendiriyorum. Kendimce çocuğa tanılar koyuyorum. Ama bir yandan da sürekli gelişim özelliklerine uygun hangi davranışları yapabiliyor, kontrol ediyorum. Özel eğitim uzmanı arkadaşlarla değerlendiriyoruz, onlar bir sorun görmüyor ama ben yolunda gitmeyen bir şeyler hissediyorum. Eşim çok şüpheci yaklaştığımı söylüyor ama benim içim rahat değil. İki yaşına girdi ama hâlâ akranları gibi değil. Arada ciddi bir açık var. Artık bu işe bir el atmalıyım dedim ve Yiğit'e evde eğitim vermeye başladım. Bir süre sonra fark ettim ki çocukta uyaran eksikliği var.

Nasıl yani diyorsunuz, değil mi? Uyaran eksikliği de nedir?

Yiğit alerjik astım hastası olduğu için ben onu yazları hariç hiç dışarı çıkarmadım. Bu olay gözümde çok büyümüştü. Her an hasta olacak ve solunum yetmezliğine girecek kaygısı oluştu. Çünkü bir kere bu atağı çok ağır atlattı. Yeniden aynı şeyleri yaşama kaygısı insana bildiği her şeyi unutturuyor. Anne olmak böyle bir şey işte! On yedi aylık oluncaya kadar da ben bu olayı biraz abarttım. Sonra iki yaşındaki yeğenimin lösemi olduğunun haberini alınca benim kendime dert ettiğimi kendine nimet bilecek insanlar olduğunu görüp titizlenmeyi bıraktım. Anladım ki çocuk doğru düzgün dışarı çıkmadığı için biraz da yatkınlığı olduğundan gerilik göstermiş.

Şimdi diyebilirsiniz *"Dilek Hanım, sizin çocuğunuzda uyaran eksikliği nasıl olur?"* Farkında olmadan o kadar koruma altına almışım ki! Oldu vallahi! Biz evde onunla sürekli vakit geçiriyoruz ama çocuğun neredeyse gördüğü anne, baba ve abisi. Evde sadece benim onunla ilgilenmem yetmez ki!

Çocuk başkaları ile etkileşime girecek, taşa toprağa dokunacak, güneşi, bulutu, yağmuru görecek... Eve kışın insan kabul etmiyordum. Biri ya mikrop getirirse diye! Asıl çocuğa zarar veren mikrop bendeymiş de ben farkında değilmişim.

Her şeyi biliyor ve sorduğumda gösteriyordu. Ama asıl sıkıntı yönergelere uyma yani benim söylediklerimi yapma konusundaydı. Ama ben biyolojik bir yatkınlık olduğunu hâlâ düşünüyorum. Benim onu çok fazla dış dünya ile karşılaştırmamam da tuzu biberi oldu.

Çok izlemediği hâlde üç yaşına kadar televizyon ve telefondan uzak tuttuk. Sürekli olarak masallar okudum. Kelime kartları ile çalıştım. Hep çocuklu ortamlara soktum ve üç yaşında hemen kreşe başlattık. Üç yaşında resim konusunda çok yetenekli, el becerileri gelişmiş ama iki yaş civarı konuşma becerisine sahip bir çocuk olarak okula başladı. Kendini ifade edemediği için o aralar ısırma davranışı oluşmuştu. Çok korkusuz bir çocuktu. Bu durum beni endişelendiriyordu tabii ki! İlk gün öğretmenini o kadar tembihlemişim ki yazık kadıncağız çocuğun üstünden gözlerini çekememiş.

Birkaç gün sonra beklenen haber geldi. Yiğit arkadaşını kolundan ısırmış. Keşke dedim benim oğlumu biri ısırsaydı. Neden mi? Hem öğretmeni düşündüm hem okulu. Benim çocuğumun başına böyle bir şey gelse ben anlarım. Neticede karşıdaki de çocuk ve ben de bir öğretmenim. Ama bunu unutup öğretmene ve okula yüklenen o kadar çok aile oluyor ki! Aynı anda bir öğretmen on beş çocuğa nasıl bakıp müdahale etsin? Bizim gözümüzün önünde kazalar olmuyor mu? Ama okulda olunca sanki öğretmen yüzünden olmuş gibi davranıyoruz. Öğretmen olaya müdahale edinceye kadar saniyeler içinde Yiğit'in dişler çocuğun koluna geçmiş tabii! Aslı öğretmenimiz çok nahif bir kadın, okulun sahipleri de çok duyarlı insanlar. Ama karşı taraf çocuğun kolu kopmuş gibi sorun çıkardı. Yiğit de çok üzüldü ama iş işten geçti. Yiğit hepimizin üzüntüsünü de çok derinden hissetti ve bir daha asla böyle bir şey yapmadı.

Okul sürecinde konuşmaya başladı. Zamanla okula uyum sağladı. Şu an hâlâ cümle dağarcığı zayıf ama zamanla düzelecektir. Bunları size neden anlattım? Çünkü gecikmiş konuşmalarda aileler çok tedirgin oluyor. Peki, hangi durumlarda paniklemeliyiz?

- Göz kontağı kurmuyorsa,

- İsmi söylendiğinde bakmıyorsa,

- Sizi duymuyormuş gibi davranıyorsa,

- Akranlarına ilgi göstermiyor, onlarla oyun oynamıyorsa,

- Takıntılı davranışları varsa (Arabaları sürekli yan yana dizmek, dönen nesneleri izlemek, çorap giymemek...),

- Bazı sözleri tekrar tekrar ve anlamsız bir şekilde zamansız söylüyorsa,

- Gözleri sürekli olarak dalıyorsa,

- Düzeni bozulduğu zaman aşırı tepki veriyorsa,

- Sallanmak, el çırpmak, zıplamak gibi a

leri varsa,

- Oyuncakları ile nasıl oynanması gerektiğini

Bu gibi durumlar otizm açısından değerlend

Bu belirtilerin birkaçının bir arada görülmesi otizı [illegible] ılacağı anlamına gelmiyor. Hemen telaşa kapılmayın. Ama mutlaka bir uzman tarafından değerlendirilmesini sağlayın.

Çevrede doktorculuk oynayan insanlara itibar etmeyin lütfen! Çocuk konuşmak için geç kaldıysa tüm komşu, eş, dost, akraba doktor kesilir. Toplum olarak doktorculuk oynamaya çok meraklıyız. Bu cümleyi yazınca annem aklıma geldi.

Ortanca abim eczane de kalfa olarak çalışıyordu. Yıl 1998. Mümessillerin getirdiği eşantiyon ilaçları lazım olur diye eve getirirdi. Annem de konu komşuya ağrıyan yerlerine göre bu ilaçları dağıtırdı. Mahalle sakinleri annemi fahri doktor ilan etmişti. Artık basit rahatsızlıklarda doktora değil, anneme gelirlerdi. Annemin küçük bir ecza deposu vardı. Hatta bazen verdiği ilaçlar karşılığında çeyizime yazma ve havlu kenarı yaptırırdı. Bir ağrı kesici, bir antibiyotik bir yazma yapardı dermişim. Kadını şu an takdir ettim. Ticaret kafası iyi çalışıyormuş. Kadın çeyizimi beleşe getirdi resmen. Şaka bir yana aslında büyük bir olay olmadan, kimseye zarar gelmeden annem ilaç dağıtmaktan vazgeçti. Çünkü babam çok kızıyordu. Adam artık dayanamayıp *"Biri daha ilaç için gelirse kovarım onu!"* dedi. Ben çocuktum o zamanlar. Bundan yirmi sene önce yaşanmış bu olay. Niyet temiz ama sonuç çok kötü olabilirdi.

Bu cümleleri yazarken sordum ona: *"Anne şimdi olsa yine ilaç dağıtır mıydın?"* Cevap aynen şu oldu: *"Dağıtırdım tabii! Günah değil mi insanlara? O zamanlar ilaç kuyrukları vardı. Hastanelerde uzun kuyruklar olurdu. Ben ilaç vermeseydim de ölse miydi insanlar?"* Tabii ya ölse miydi insanlar, benimki de laf işte! Ben senin güzel niyetini severim canım annem. Niyet olarak çok temiziz ama iyi niyetle yaptığımız işler insanlara zarar verebiliyor. Psikolojilerini bozup aileleri gereksiz kaygılandırabiliyor.

Biz toplum olarak etiketlemeye çok hazırız. En ufak bir eleştiride hemen telaşa kapılıyoruz. Çocuğumuza baskı kurmaya başlıyoruz. Bir anne sırf toplum baskısından dolayı on beş aylık çocuğu için konuşmuyor diye telaşa kapılmış; bana yazdı. Sonra ben o anneyi aradım. İki göz iki çeşme ağlıyor. Çocuğumda sorun mu var diye psikolojisi bozulmuş.

El âlem hep konuşur. Toplumda böyle bir grup var. Her konuda bir fikri var bu grubun. Hemen hemen her yerde karşınıza çıkar. Duruma göre doktor, avukat, öğretmen, hemşire olurlar. Enerji emme konusunda üzerlerine yoktur. Bir anda sizi yetersizlik duygusuna sokarlar. Bu grup kendinizi sürekli olarak suçlamanıza sebep olur. Sizin başınızdan geçen olay mutlaka onların ya da en yakınlarının başından geçmiştir. Sizi hemen gereksiz bir paniğin içine sokarlar. Her şeyin en iyisini onlar bilir ve onların aile bireyleri her konuda mükemmeldir.

Kendi özel aile sırlarını asla dökmezler ama sizin özelinizi sonuna kadar kurcalarlar. Böyle insanları görünce dilinin üzerine eşek arısı bırakın. En güzel çözüm budur. Bir süre size bulaşmıyorlar. Bir de internet diye bir baş belası var. Her şeyi direkt internetten araştırıp, kendi kendimize teşhisler koyarak paniğe kapılıyoruz. Sonra bu koyduğumuz teşhislere inanıp kendimizi perişan ediyoruz.

On beş aylık çocuk konuşmaz tabii. Çünkü 12-18 ay arası tek hece dönemidir. Çocuklar bu dönemde tek heceli kelimeleri söyleyebilir. Baba, anne, mama gibi... 18-24 ay arasında iki ya da üç kelimelik basit cümleler kurabilir. Anne su... Mama al gibi... Ama şöyle bir durum var. Her çocuğun gelişim dönemi birbirinden farklıdır. Bir çocuk iki yaşına varmadan bülbül kesilir, şakırdar durur, diğer çocuk dut yemiş bülbül olur, tek kelime söylemez. Fabrika üretimi değil ki hepsi aynı anda aynı özellikleri göstersin. Üretim hatası yok yani sevgili ailelerim. Her çocuğun gelişim özellikleri birbirinden farklıdır.

Başınıza herhangi bir şey geldiği zaman lütfen hemen paniğe kapılmayalım. Kimsenin söylediğine kulak asmayalım. İnsanların ve internetin hayatımıza yön vermesine müsaade etmeyelim. *"İnternet doktorculuğu"* oynamayın. Kim neresi ağrıyorsa internete bakıyor, kendine teşhis koyup ilacı doktora yazdırmaya gidiyor.

Doktor bir arkadaşım anlatmıştı. Bir gün bir hasta geliyor. Böyle kırk yaşlarında bir kadın. Ben ülser ilacı yazdırmak istiyorum, diyor. Bizim arkadaş da kadına daha önceden teşhis konulduğunu düşünerek:

- Daha önce kullandığınız bir ilaç var mı? diye soruyor.

- Yoo, ilk defa ilaç alacağım!

- O zaman tetkik sonuçlarınıza bakayım.

- Ben tahlil yaptırmadım ki!

- Eee kim size midenizde ülser olduğunu söyledi?

- Kimse, ben internetten bakıp öğrendim.

- Keşke bana gelmeseydiniz, ilaca internetten bakıp eczaneden alabilirdiniz.

- Aaa hiç akıl edemedim. Haklısınız. Neyse geldim artık. Siz bir şeyler yazın.

Gülse mi insan kızsa mı bu durumda bilemiyor, değil mi? İnsanlardan gelen gereksiz yorumlar ve internet, bilgi kirliliğidir arkadaşlar. Her işin bir uzmanı var. Lütfen kendi kendimize veya başkaları ile doktorculuk oynamayalım.

Çocuğum konuşmuyor diye de hemen paniğe kapılmayalım.

Çocuğum Üç Yaşına Kadar Kimdir?

0-1 Yaş Dönemi:

Çocuk, doğumundan sonraki ilk birkaç ay bütün ihtiyaçlarını ağlayarak ifade eder. Acıkınca, altı kirlenince, uykusu gelince hep ağlar. Aile ile kurduğu tek iletişim şeklidir. Kurulu saat misali yani... Acıkınca ıngaaaa, alt kirlenince ıngaaaa, kucağa alınmak istenince ıngaaaa...

İkinci aydan sonra anlamsız sesler çıkarmaya başlar. *"Agu"* ve *"Gau"* bu dönemin en efsane heceleridir ve evrensel kelimeleridir. Dünyanın her yerinde bebekler agular. Agulayan bebekler ne tatlı oluyorlar değil mi! Bir de gülmeleri yok mu? Ömre bedel!

İkinci aydan sonra çocuğunuzla bol bol sohbet edin. Aklınıza ne geliyorsa anlatın. Masal olur, gün içinde yaptığınız işler olur, fark etmez. Gözlerinin içine bakın. Dokunun ve gülümsemeyi unutmayın. Onun çıkardığı sesleri taklit edin.

Kendini değerli ve önemli hisseder. Değişik ses tonları ile konuşun. Bazen fısıldayarak konuşun mesela. Ağlama dışında farklı seslerle de iletişime geçilebileceğini anlamış olur.

Altıncı aydan sonra sesleri peş peşe koyar, heceler çıkarmaya başlar. Ma-ma, ba-ba, de-de gibi. Anne heyecanla bu dönemde ilk *"anne"* desin diye bekler ama genelde ilk "baba" kelimesi çıkar. Baba mutluluktan dört köşe, anne isyanlarda...

Bu dönemde çocuğunuza kitap okumaya başlayın. Çocuğunuza ne kadar erken kitap okumaya başlarsanız dil gelişimine o kadar destek vermiş olursunuz.

Gün içinde çocuğunuzun işlerini yaparken ona yaptıklarınızı anlatın. *"Şimdi altını değiştiriyorum. Bak, bu bezin. Hadi üstünü değiştirelim. Şimdi mama zamanı. Ağzını bu bezle silelim."* Konuşurken basit kelimelerin üstüne basarak birkaç kere tekrar edin. Bu şekilde kelime farkındalığı oluşturmuş olursunuz.

Basit yönergeler verin. El salla, bay bay de, öpücük at gibi. Bu şekilde zamanla kendini ifade etme yeteneği gelişecektir.

Aynı ninniyi sürekli tekrar edin. Zamanla ninniyi kendisi tekrar etmeye başlayacaktır.

Hayvan, doğa gibi çeşitli sesleri dinlettirerek taklit etmesini sağlayın.

6-12 ay arasındaki çocuklarınızla *"Cee"* oyunu oynayın. Lego gibi oyuncakları sepete toplamasına izin verin. Bir arabanın veya topun üzerini kapatarak üstü kapalı olan nesneyi bulmasını sağlayın. Bant ile oyuncakları çeşitli yerlere yapıştırarak, çekip almasına müsaade edin. Doldur boşalt oyunu oynayabilirsiniz.

Bu dönemde çocuk tek kişiye bağlanır. O kişi bulunduğu ortamdan gidince kaygılanıp ağlayabilir. Dokuzuncu ay civarı anne dışında başka kişiler ile yalnız kalmasına fırsat verilmelidir.

Dördüncü aydan sonra kucağınızda destekli, altıncı aydan sonra ise minderle destekli oturmasına fırsat verebilirsiniz. Altıncı aydan sonra desteksiz oturmayı ve emeklemeyi öğrenmeye başlayacaktır. Genelde bir yaş civarında yürürler. Ama her çocuk özeldir. O yüzden hepsi aynı dönemde aynı gelişim özelliklerini gösterecek diye bir kanun yoktur.

1-2 Yaş Dönemi:

On ikinci aydan sonraki dönem efsane dönemdir. Çocuk bir kelime ile size her şeyi anlatmaya çalışır. İşin komik ve güzel kısmı da siz de anlarsınız. Çocuk sadece *"baba"* der. Ama bu *"Karnım acıktı."*, *"Altımı değiştir."*, *"Susadım."*, *"Canım sıkıldı."*, bunların hepsini karşılar. Çocuk *"baba"* der. Evdeki misafir; çocuk, babasını özlemiş diye düşünür. Sizin tepkiniz aynen şu olur: *"Yok, onun karnı acıktı, yemek istiyor."* Misafir şok!

Bu dönemde çocuk küpleri üst üste koyabilir. Kitapların sayfalarını çevirip resimleri inceleyebilir.

On sekizinci aydan sonra çocuk konuşmaya, iki ve üç kelimelik cümleler kurmaya başlar. Artık bir kelimeden dünyanın anlamını çıkarmak zorunda kalmazsınız. *"Anne mama"* demeyi öğrenmiştir çünkü. Misafirleriniz de sizi doğaüstü görmekten vazgeçmiştir. Sorulduğu zaman organlarını göstermeye başlar.

1-2 yaş arası keşif dönemidir. Her şeye dokunmak, her şeyi atmak, bozmak isteyebilirler. Çocuk için mutfak evin en eğlenceli yeridir. Mutfak tehlike arz ettiği için genelde aileler çocuklarını mutfaktan uzak tutmaya çalışabilir. Mutfaktaki plastik kaplar, tahtadan olan eşyalarla oynamasına fırsat verilebilir. (Tahta kaşık gibi)

Çocuğun inatlaşmaya başladığı bir dönemdir. Çünkü çocuk kendinin de bir birey olduğunu size kanıtlama çabası içindedir. Kendi fikirleri kabul görsün ister. Manasız yere saatlerce ağlayabilir, inatlaşabilir. Bu dönemde sabır çok önemlidir. Tehlike kavramı tam olarak gelişmediği için riskli bir dönemdir. Çok dikkatli olmakla birlikte çocuğun tehlikeli durumlardan uzak durması için deneyimlerde bulunmasına fırsat verilmelidir. Mesela sürekli olarak sıcak ocak, çaydanlık, soba, fırın gibi eşyalara yaklaşıyorsa sıcaklığı hissetmesi için sizin kontrolünüzde biraz yaklaşmasına izin verin. Sıcaklığı hissedince bir dahaki sefere kendisi yaklaşmayacaktır.

<u>2-3 Yaş Dönemi:</u>

Eveeet, artık çocuğunuz dillenmeye başlamıştır. Arkası bitmek bilmeyen sorular bu dönemde başlar. *"Anne bu ne? Baba bu ne? Bu ne? Bu ne? Bu ne?"* Konuşsun diye gözünün içine bakarken şimdi sussun diye baktığınız dönem tam da bu dönemdir. Eeee çocuk koca iki yıl susmuş. Şimdi patlama yaşıyor, olacak o kadar. Ailelerin sabırlarının en çok tükendiği dönemdir. Yirmi otuz kelimelik dil haznesi bir anda yüzlerce kelimeye ulaşır. Çocuğun en meraklı olduğu dönemdir. Sağlıkla konuşabiliyorsa şükür diyelim. Sabrımızı koruyalım. Bol bol tekerleme, parmak oyunu, şarkı söyleyerek dil gelişimine katkıda bulunabilirsiniz.

Çocuklar 2-3 yaş civarı benmerkezci döneme girerler. Sanırlar ki evren onlar için yaratıldı ve herkes onun hizmetkârı... Bu dönemde kendi kendine konuşurlar ve karşı taraf onları dinliyor mu, cevap veriyor mu umurlarında olmaz. Çocuğum neden kendi kendine konuşuyor diye düşünmeyin yani! Bu dönemde on çocuk bir aradadır ama hiçbirinin birbiri ile alakası yoktur. Dışarıdan bakan toplu oyun oynuyor sanır ama iki tanesi bile birlikte oyun oynamıyordur. Empati kuramazlar. Yani kendini başkasının yerine koyup onun açısından düşünemezler.

İki yaş sendromu ile karşılaşabilirsiniz. Çocuk sürekli inatlaştığı için yapılan her hareketin kasıtlı olduğuna inanmaya başlarsınız. İnatlaşmak gelişimin bir parçasıdır. Bunun doğal bir süreç olduğunu kabul ettiğiniz an işleriniz daha kolay olacaktır. Bu dönemde tutarlı ve kararlı olmak önemlidir. İnatlaşmadan çocuğunuza farklı seçenekler sunarak krizi yönetebilirsiniz. Örneğin sürekli prize doğru yaklaşan çocuğunuza her seferinde net bir şekilde *"Hayır"* derseniz belli bir süre sonra bunu denemekten vazgeçecektir. Tabii vazgeçinceye kadar çocuğunuz gözünüzün içine baka baka prize yaklaşarak nabzınızı ölçmeye devam edecektir. Neden yaklaşmaması gerektiğini birkaç kısa cümle ile anlatmayı unutmayın. Bazen *"Hayır"* der, bazen görmezden gelirseniz ya da gülerseniz tutarsızlık oluşur. Çocuk için kural çizgisi tam çizilmemiş olur.

Sürekli oyuncak fırlatma gibi olumsuz bir davranışı varsa bunu görmezden gelip dikkatini dağıtmaya çalışmak da etkili bir yöntemdir. Çünkü bu dönemde çocuklar dikkatinizi ne ile çektiğini düşünülerse o davranışı sık tekrar edeceklerdir.

"Birinde hayır diye uyarırken neden diğerinde dikkat dağıttık?" diye düşünebilirsiniz. Çünkü her iki yöntemi de farklı iki olayla anlatmak istedim.

İki yaşından sonra çocuğunuza tuvalet eğitimi verebilirsiniz.

Bu dönemde de çocuğun oyun oynaması çok önemlidir. Mümkün olduğu kadar akran etkileşimi çocuğun gelişimini olumlu yönde etkileyecektir. Kendi kararlarını vermesine izin vererek sosyal duygusal gelişimini olumlu yönde desteklersiniz. Örneğin giyeceği gömleği seçmesi gibi.

Bol bol kitap okumaya devam edilmelidir. Çocuğa basit sorular sorarak kendini ifade etmesine fırsat verilmelidir. Renk, şekil, sayı, organ, duygu, duyu gibi kavramları bu dönemde çocuğunuza öğretebilirsiniz. Ellerine büyük boy boyalar vererek karalama ve boyama yapmalarına fırsat vererek, küçük kas gelişimine destek verilmelidir.

Aileler genelde üç yaşına kadar olan süreçte çocuklarının gelişim özelliklerini anlamakta güçlük çektikleri için bu süreçle ilgili kısa bir bilgi vermek istedim. Bu konuyu uzun uzun anlatmak için bir kitap yazmak lazım. Benim amacım sadece can alıcı birkaç nokta hakkında bilgilendirmede bulunmaktır.

Özellikle bir daha tekrarlamak istiyorum: *"Her çocuğun gelişimi farklıdır. Hepsi aynı anda aynı şeyi yapacak diye bir şey yoktur. Yapamıyor olmaları bir eksiklik değil, BİREYSEL FARKLILIKTIR!"*

Bir Baba, Evladının Ağzından Çıkacak Bir Kelime İçin Servet Dökecek Durumda İken Siz Sağlıklı Çocuklarınızın Konuşmalarından, Sorularından Sıkılmayın...

Bundan tam on sene önce özel eğitim kurumumuza bir gün bir baba gelmişti. Baba ile halkla ilişkilerdeki arkadaş konuşuyor, ben de kulak misafiri oluyorum. Babanın şu sözlerini hiç unutamıyorum:

"Benim çocuğumun sayılı günleri kaldı. Doğduğu günden beri çok ağır ameliyatlar geçirdi, çok ağır tedaviler gördü. Yaşayamayacak, biliyorum. Bu zamana kadar sadece nefes alsın, yanımızda olsun yeter diye dua ettim. Çünkü doğduğunda yaşamaz, ölür dediler. Kızım benim tek evladım. Çok zor tedaviler sonucu oldu. Yıllar sonra bir evlat sahibi olduk. Rabb'ime

şükürler olsun, sekiz sene bana evlat sevgisi tattırdı. Hiç konuşmadı benim çocuğum. Neredeyse hiç hareket edemedi. Bugün belki bir umut buraya geldim. Belki eğitim alırsa baba der. Belki bir kere bu sözü duyarım."

Çocuğu arkadaşlar değerlendirdi ama "*Mümkün bile değil.*" dediler. Çocuk ağır bedensel ve zihinsel engelli. Algılama sıfır... Babanın umudunu kırmamak için eğitim isteğini kabul ettiler. Ama çocuk bir ay sonra vefat etti. "*Baba*" diyemedi maalesef.

Baba cenazede hiç ağlamadı. O kadar dik, o kadar metanetliydi ki. Anne de aynı şekildeydi. Kabullenmişlerdi! Çocuklarının son zamanlarda çok ızdırabı olduğunu, morfinle ağrılarının kesildiğini söylediler. Baba, ölmeden önce evladının ağzından belki bir kelime duyarım, o kelime de "*Baba*" olur umudu ile eğitim istedi. Çocuğu ile ilgili son isteği buydu. Ama olmadı.

BİR BABA, EVLADININ AĞZINDAN ÇIKACAK BİR KELİME İÇİN SERVET DÖKECEK DURUMDA İKEN SİZ SAĞLIKLI ÇOCUKLARINIZIN KONUŞMALARINDAN, SORULARINDAN SIKILMAYIN...

Ne büyük bir kayıp ne büyük bir acı...

Çocuğun engel düzeyi neredeyse yüzde yüzdü. Ama çok sabırlı ve çok şükreden bir aileydi. Neler yaşadılar, bu süreci nasıl kabullendiler, neleri feda ettiler, bilemiyorum. Ama gözlemlerim bana diyor ki: "*Bu aile birbirine destek vermiş. Süreci anne baba olarak çok iyi yönetmişler."* Hem süreçte gösterdikleri sabır ve metanet çok değerliydi.

Çocuğu engelli olduğu için terk edip giden o kadar çok anne ve baba duydum ki!

Benim nasıl bu kadar sabırlı bir insan olduğumu hep merak ederler. Çünkü yaşadığım tecrübeler bana neden şükretmem ve sabırlı olmam gerektiğini öğretti. Yaşadıklarını olgunlukla kabul eden, sabır gösteren bütün aileler, benim ruhuma, karakterime çok şey kattı.

Şimdi dönüp baktığım zaman iyi ki diyorum yıllarımı özel gereksinimli çocuklarla geçirmişim. Benim bütün sabrımın temelini atanlar onlar ve onların aileleri...

Çocuğum neden sınıf birincisi değil, neden arkadaşları arasında en popüler benim çocuğum değil, çocuğuma neden her şeyin en iyisini alamıyorum, en iyi kolejlere gönderemiyorum, çocuğum en iyi bölümü neden kazanamadı diye kendinizi üzmeden önce bence bir kere daha düşünün.

Kendimin ve Evladımın Yüreğinde, Küllenmeyecek Bir Ateşi Asla Yakmayacağım!

Bir 31 Aralık gecesi, sene 2017. Eşimin doğum günü. Yeni bir yılı daha görme ve eşimin doğum gününü kutlama heyecanı bir arada. Bugün bütün aile bir arada olalım dedim. Kayınvalidemlere gideriz, orada hep birlikte güzel bir gün geçiririz. Hani derler ya yeni yıla nasıl girersen öyle devam eder. Batıl bir inanış ama güzel bir eylem… Aile ile hep birlikte yeni yıla girelim ki bütün yılımız birlikte geçsin. Ama unuttuğum bir ayrıntı vardı: Biz hayat için plan yaparken hayatın bizim için yaptığı planlar!

Akşam yemeğini evde eşim ve çocuklarla birlikte yedik. Sonra hazırlanmaya başladım. Akşam dokuz gibi annem aradı. Biraz sohbet ettikten sonra annemin moralsiz olduğunu hissettim. *"Bir şey mi var?"* diye sordum. *"Hakan'ın (abim) oğlunu (Ahmed Said) hastaneye yatırdılar. Bir haftadır gripti, bir de ayağında birkaç gündür aksama varmış."* diye söyleyince içimi bir sıkıntı sardı. Üstelik çocuk fakülte hastanesine yatırılmış.

Telefonu kapattım. Aklımdan ne kadar kötü şey varsa hepsi geçti. Neden bir çocuk yılbaşı gecesi hastaneye yatırılır ki? Annemden genelde kötü haberleri saklarız. Babamı aradım. Babam gerçeği biliyordur. Çünkü babam dirayetli adamdır. Zorluklarda hemen yelkenleri bırakmaz. Elinden geldiği kadar en mantıklı şekilde destek olmaya çalışır. Babam telefonu açar açmaz anladım. Kötü bir şey var! Hayatım boyunca unutamayacağım bir acının haberini aldım. Ahmed Said, LÖSEMİ!

Babam hıçkırıklara boğuldu sesimi duyunca. Hayatım boyunca unutamayacağım bir andı. Sabah ilk trenle Eskişehir'e gittim. Herkes perişan! Daha bir hafta önce öpüp kokladığım yeğenime on adım bile yaklaştırmadılar. Annesi bile maske ile yaklaşabiliyordu. Dik durmak zorundaydık. Abim, yengem bizden destek almalılardı. Gözyaşlarımı içime akıttım. Çok zor günler atlattık. Ölüm ile yaşam arasındaki çizgide çok gitti geldi yeğenim.

Tedavi sürecinde vücudunda gelişen bir enfeksiyondan dolayı organları görevini yapmamaya başladı. Kalp ve karaciğer büyüdü. Böbrekler çalışmadı ve diyalize girmeye başladı. Durumu her geçen gün kötüye gitti. Artık doktorlar yapılacak bir şey kalmadı dediği bir gün abim ağlayarak boynuma sarıldı. *"KARDEŞİM, SAKIN YAVRUNA KIZMA, BAĞIRMA VE ONU ASLA DÖVME. BİR GÜN ONU KAYBETMEKLE KARŞI KARŞIYA KALIRSAN İÇİNİ EN ÇOK ONA HAKSIZLIK YAPTIĞINI DÜŞÜNDÜĞÜN ZAMANLAR ACITIYOR."* dedi.

Tutamadım kendimi, saatlerce hıçkıra hıçkıra ağladım. Gözyaşlarımı o kadar içime akıtmıştım ki artık kontrol edemiyordum duygularımı. Hastaneden çıktım, hemen arabaya bindim ve Kerem'in yanına gittim. Sarıldım yavruma! Doya doya sarıldım, öptüm, kokladım ve söz verdim kendime: *"KENDİMİN VE EVLADIMIN YÜREĞİNDE, KÜLLENMEYECEK BİR ATEŞİ ASLA YAKMAYACAĞIM."* Ne abim ne yengem oğluna bir kere tokat attı. Onun ne vaktinden çaldılar ne rızkından! Ama yine de yavrusuna sesini yükselttikleri her an için kahroldular.

Bunları size niye mi anlattım? Eğer bir gün evladınızla sınanırsanız bitmek tükenmeyen vicdan azaplarınız olmasın diye! Geç kalmadan yavrunuza sarılın, öpün, koklayın diye. Hayatın bir de böyle bir yüzü var, görün diye. Çocuklarıma sabrımın en tükendiği anlarda yoğun bakım ünitesinin önünde, evladından gelecek bir güzel haberi bekleyen abim, yengem ve hastane odalarında hayat mücadelesi veren yavruların anaları babaları gelir aklıma. Ahmed Said'in tedavi sürecinde evlatları yaşam mücadelesi veren ailelerin nasıl çaresiz kaldıklarına çok şahitlik ettim. Sağlıklı olan yavrumla, benim hayıflandığım, bunaldığım dakikaları yaşamak için servet dökecek insanlar var, derim. Benim bu sabırsızlığım onlara haksızlık diye düşünür, öfkemi hemen soğuturum. Evladıma olması gerektiği gibi konuşur, davranır sonra da onu bağrıma basarım. Hiçbir şey için geç değil! Hadi sarıl yavruna! Bu arada Ahmed Said şu an beş yaşında ve gayet iyi!

Tuvalet Eğitimini Nasıl Verdim?

Ah bu tuvalet eğitimi yok mu! İnsanı tepetaklak ediyor. Tabii ki kahramanlarımız Kerem ve Yiğit Ali. Bu büyük tuvalet bir ilk doğdukları zaman kıymetli oluyor bir de tuvalet eğitimi verirken. Nasıl bir sahiplenme duygusudur bu? Büyük tuvaletini sahiplendikleri kadar kalemini, defterini sahiplense küçük çaplı servet birikecek. Tuvalet eğitimi, düğün hazırlığı gibi bir şeydir. Yok alıştırma külotu, yok lazımlık... Bu lazımlık olmadı, seslisini süslüsünü alalım. Bu da olmadı, klozete kapak alalım. Sanki çeyiz düzüyoruz. Bir tek beze veda partisi yapmadığımız kalıyor. Anne panik, ev halkı panik... Koltuklara, halılara işeyecek mi? Kaç günde öğrenecek? Alıştırma külotu kullanmalı mıyım? Gece altını bağlamalı mıyım? Kafada çılgınca sorular!

Önce Kerem'de neler yaşadığımız anlatayım. Tam iki yaşındaydı. Bezini çıkardık. Önce anlattım. *"Keremciğim, bak üç tane bezin kaldı. Bu bezler bittikten sonra artık sen de bizim gibi tuvaleti kullanacaksın. Anlaştık mı?" "Tamam anne."* dedi. (Bu arada son günlerde kendimizle birlikte tuvalete sokmaya başlamıştık. Bezi çıkarmadan önce, siz de çocuğunuzu kendinizle birlikte tuvalete alın ve ona anlatın.)

Nöbet tutmaya başladık. Gözümüzü ayırmıyor ve sık sık soruyoruz. Ama klozete ve lazımlığa oturmayı kesinlikle reddetti. Ne kadar anlatsam da olmadı. Ben de zorlamadım. Oturmadığı için lazımlığın tasını pipiye tuttuk. Ama oturması gerektiğini hep hatırlattım. Tuvaleti için ilk günler hep on beş yirmi dakika ara ile banyoya götürdüm. Bazen gitmek istemediği için gıcırdadığı oldu tabii. Öyle anlarda saklambaç oynayıp hemen banyoya saklanıyordum. Beni banyoda bulunca o anın gazı ile bir daha çişe tutuyordum. Çiş meselesini hemen çözdük. Bu arada kesinlikle alıştırma külotu kullanmadık. Çocuğun kendini ıslatıp bundan rahatsızlık duyması lazımdı. Bir de geceleri kesinlikle altını bağlamadım. Bez gece ve gündüz aynı anda çıkartılmalıdır.

Gelelim esas mevzuya: KAKA! Ne değerliymiş arkadaş bu kaka! Ne kıymetliymiş! Dersin ki elmas çıkaracak. Tutup bir de sıkı sıkı bırakmazlar mı? Neden, biliyor musunuz? Çünkü onu bir organı gibi sahipleniyor. Sanıyor ki kolu, bacağı koptu. Biz de onu klozete atıp bir de üzerine sifonu çekiyoruz. Eyvah! Gitti organ gibi algılıyor. Ver kakamı diye ağlayanı çok gördüm. O benimdi, ben onunla oyun oynayacaktım, kavanozda saklayacaktım diyenler... Daha neler neler... Şimdi anladınız mı? Neden bırakmak istemiyor, korkuyor, avaz avaz bağırıyor? Beze yaparsa hazine kendinde kalıyor. Ama klozete yaparsa o düşme anını hissediyor ve tedirgin oluyor.

Bizde de aynen öyle oldu. Kerem tam iki gün tuttu. Sonunda pes etti ama ayakta yaptığı için kakasını, bacağına değdi. Eyvahhhhh! Vay başımıza gelenler! Kaka bacağına değince bizimki bir bağırdı! Sanki bacağını horoz gagaladı. Nasıl zıplıyor, anlatamam. *"Oğlum, bacağına değen şey senin kakan, sakin ol!"* diyorum ama ne çare? Çocuk bas bas bağırıyor. Hemen banyodan çıkardım. Banyoyu temizledim. Korktuğu için o gün bezini geri bağladım. Zorlamak, ısrarla devam etmek doğru değildir. Demek ki benim çocuğum tuvalet eğitimine hazır değil. İki ay sonra yeniden denedim. İlk denediğimde yirmi beş, ikinci denediğimde yirmi yedi aylıktı. Bu sefer bir haftada öğrendi. Ama Yiğit öyle olmadı. Yiğit ile ara ara denedik ama hazır olduğu dönemde otuz üç aylıktı ve on beş gün boyunca kakayı altına yaptı. Tam kaka geliyor, bizimki hemen saklanıyor. Saklandığı yerde külotuna yapıyor. Kaç tane külot attık o süreçte kim bilir. Millî servet neticede, kakayı hemen öyle tuvalete bırakamayız! Müsrif kadın, niye külotları attın diyorsunuz değil miiii? Valla içim kaldırmıyor. Bir kere yıkayayım dedim, bir gün boyunca kustum. Ama pes etmek yok. Israrla devam ettim. Kerem'de kaygı oluştuğu için geri bağlamıştım. Yiğit ise psikolojik ve biyolojik olarak hazırdı. Ama ondaki süreç belli ki farklı gelişecekti. Yiğit tuvaletini söylemeyi tam anlamı ile bir ayda öğrendi.

Yiğit'e tuvalet eğitimi verdiğim süreçte bir gün arkadaşlarla dışarı çıktık. Yiğit de oturduğumuz kafedeki oyun alanında oynuyor. Ama benim bir gözüm de Yiğit'te. Bir ara baktım, oturduğu yerden hiç kalkmıyor. Eyvah! Panikle ayağa kalktım. Ona doğru gittiğimi görünce biraz tedirgin oldu. Yanına gelince hemen özür dilemeye başladı. Tam olarak konuşamıyor o zamanlar ama yüzündeki kaygı çok derin. *"Anne özüy diyeyim. Kaka kaçtı."*

Aslında öfke ile gittim yanına. Belki sabrımın son noktasına geldiğim için biraz kızacaktım. Ama o mahzun bakışlar *"Ya Rab!"* dedim. *"Yiğit bana muhtaç bir kulun. Onu bana sahip çıkayım diye verdin. Ona bir şeyler öğretirken sabırlı olmam gerekir. İnsanım neticede, olur da bir gün onun bana muhtaçlığını unutup öfkeme yenik düşersem sen yüreğimi soğut."* Kızamadım tabii. O üzgün gözler nasıl görmezden gelinir de bir yavruya kızılır, kıyılır? Üstelik tuvalet eğitimi gibi önemli bir süreçte bunun asla yapılmaması gerekir. Anne olmak bunu gerektirmez mi? Durmamız gereken noktayı iyi ayarlamamız lazım. Düşünsenize, küçücük bir yavru... Üstelik sizden utanıyor ve yaptığı şeyden çekiniyor.

Tuvalet eğitimi çocuktan çocuğa değişir. Kimi bir günde kimi dört ayda öğrenir. Hemen öğrenmesini beklemeyin. Tuvalet eğitiminde yönetici çocuk, yardımcı sizsiniz. Önemli olan sabırlı olmaktır. Baskıdan mutlaka kaçınmalısınız. Çünkü tuvalet eğitimi kritik bir dönemdir. Bu dönemde yapilan hatalı davranışlar ve baskılar, çocuğunuzda bir ömür olumsuz izler bırakabilir. Pedagoji eğitimi alırken bir hocamız *"Aşırı cimri insanların tuvalet eğitimi alırken büyük tuvaletlerini çok sıktıkları gözlemlenmiştir."* demişti. Cimri oldukları için mi sıktılar yoksa sıktıkları için mi cimri oldular orası hâlâ muallakta benim için.

Sizin için tuvaletinizi yapmak basit bir eylem ama çocuk için o kadar basit değil işte. O hep beze yaptı. Bez onun güvenli alanı oldu. Siz şimdi bu güvenli alandan çocuğunuzu çıkartıyorsunuz ve yeni bir alana adapte etmeye çalışıyorsunuz. Kendinizi onun yerine koyup bir düşünsenize! Bir anda kendinizi hiç alışkın olmadığınız bir durumla karşı karşıya bulsanız ve süreçte yanınızdaki insanlar size tahammülsüz davransa kendinizi nasıl hissederdiniz?

Lafın kısası bu süreçte yukarıda da belirttiğim gibi mümkün olduğu kadar alıştırma bezi kullanmayın. Bezi gece ve gündüz aynı anda bırakın. Yatmaya iki saat kala sıvı tüketimini azaltın, mümkünse bitirin. Sevgi ve anlayışla yaklaşın. Sabırlı olun. Önce tuvaleti tanıtın, onu ne için kullandığımızı anlatın. Çocuğunuzun biyolojik ritmini dinleyin. İlk birkaç gün eşit aralıklarla götürün, on beş yirmi dakika gibi. Sonra süreyi uzatın. Tuvaletini yaptığı zamanlar coşkulu tepkiler vermek çocuğu sürece motive edebilir. Eğer bir korku ve travma olduysa ya da çocuğunuzun hazır olduğunu hissetmiyorsanız bezi geri bağlayın. Bir müddet sonra yeniden deneyin. Tuvalet eğitimi tam olarak kazanıldıktan sonra da altına kaçırma görülebilir. Bu dönemlerde çok sabırlı olun ve anlayışınızı asla kaybetmeyin.

Çocuk demek sabır demek! Her dönemde olduğu gibi bu dönemde de en önemli unsur: SABIR SABIR SABIR...

Oysa Tuvalet Eğitimi Almıştık! Neden Altına Kaçırıyor?

Ayşe sabah kalktığında yatağının ıslak olduğunu fark etti. Annesine seslendi, yatağının ıslak olduğunu söyledi. Anne *"Çiş yapmışsın."* dedi ve Ayşe'yi banyoya götürdü. Ayşe'nin üstünü çıkardı ve Ayşe'yi yıkadı. Bir daha yatağına çiş yapmaması gerektiğini söyledi. Ayşe yaşadığı olayı çok anlamlandıramadı ama çok utandı. Ayıp bir şey yaptığını hissetti. Çünkü annesi bakışları ile bunu hissettirdi. Aradan birkaç gün geçti. Ayşe yeniden altına kaçırdı. Anne bu sefer biraz sinirlenerek *"Offf! Yine mi çiş?"* dedi. Ayşe'yi banyoya götürdü ve yıkadı. Aradan birkaç gün geçti ve Ayşe yine altına kaçırdı. Annenin tepkisi bu sefer biraz sert oldu: *"OFFFFF! Yeter ama! Bu böyle olmaz! Eşek kadar çocuksun. Utanmıyor musun yatağına işemeye?"* Ayşe çok utandı ve ağlamaya başladı. Annesi kolundan çekiştirerek onu banyoya götürdü. *"Sus, bir de ağlıyorsun!"* diye bağırdı ve Ayşe'yi yıkadı. Ayşe bütün gün çok üzüldü. Belli etmedi ama içi içini yedi. Çok korktu annesinin tepkisinden ve çok utandı. Ayşe bunu yapmak istemiyordu. Ama kontrol de edemiyordu. Çok tedirgindi. Ayşe o günden sonra her gece altına kaçırır oldu. Annesinin öfkesi her geçen gün daha da arttı. Bir gün bunun için Ayşe'yi dövdü. Annesi sağda solda çare aramaya başladı. Kimisi insanların yanında utandır dedi, kimisi de tehdit etmesini söyledi.

Bir gün evlerine gelen bir misafir, Ayşe'ye *"Sen ne kadar büyüdün maşallah."* dedi. Annesi hemen lafa girdi. *"Büyümedi, o hâlâ bebek, her gece yatağına işiyor, zaten böyle devam ederse poposunu yakacağım onun!"* Misafir de *"Gerçekten mi, ne kadar ayıp!"* dedi. Bir başka akşam da misafirliğe gittikleri evde ev sahibi, Ayşe'ye meyve suyu ikram etmek istedi. Ayşe tam heyecanla meyve suyunu alacaktı ki annesi *"Sen sakın içme, sonra bütün gece altına işiyorsun."* dedi. Ayşe insanların içinde o kadar utanmış, o kadar utanmıştı ki o stresle tırnağını yemeğe başladı. Ayşe artık çok mutsuz ve huysuz bir çocuk oldu. Her gece altına yeniden kaçırma ve poposunun yakılma korkusu ile yatıyor ve her sabah da altına kaçırıyordu. Annesi de *"Ne yaparsam yapayım sorunu çözemiyorum, bir de tırnak yiyor, bıktım artık."* diye ortalıkta geziyordu.

Hadi bakalım devamını okumadan önce biraz düşünmenizi istiyorum. Şu an buradaki sorun sizin başınıza gelmiş ya da gelmemiş olabilir. Ama bu olaya çözüm üretmenizi istiyorum. Siz Ayşe'nin annesinin yerinde olsaydınız ne yapardınız? Bu olayı nasıl çözmeye çalışırdınız? Ayşe'nin annesine nasıl bir öneride bulunurdunuz? Lütfen düşünün şu an. Çünkü olayları çözerken olayın dışına hiç çıkmıyorsunuz.

Diyelim ki çocuğunuz ile bir sorun yaşıyorsunuz. Size önerim çözüm bulamadığınızı fark ettiğiniz an o olayın içinden çıkın ve yaşadıklarınızı bir kâğıda yazın. Ne olmuş, siz ne yapmışsınız, karşı taraf nasıl davranmış? Sizin hatalı davranışlarınız ne olabilir? Bunların hepsini yazdıktan sonra başka birinin hikâyesi gibi okuyun ve ona öneride bulunun. Olayların içinde kaldığımız müddetçe kapılar hep yüzümüze kapanır. İşte o noktada dışarı kendimizi atmamız gerekir. Başka birinin yaşadığı bir sorunmuş gibi irdeleyin ve üçüncü kişi kimliği ile sorunu çözün. Hadi ilk çalışmanız bu olsun. Hatta şöyle yapalım, bu çalışmaları bana mail olarak atın. Çok merak ediyorum, nasıl önerilerde bulunacaksınız.

Hadi şimdi bu olayı bir de Fatma'dan dinleyelim. Fatma sabah uyandığında yatağının ıslak olduğunu fark etti. Annesine seslendi: "Anne yatağım ıslak!" Anne yatağa baktı, Fatma çişini yapmıştı. *"Hımm, galiba çişini yapmışsın."* Annesi o an Fatma'nın çok utandığını fark etti.

"Fatma, biliyor musun ben de senin kadar küçük bir çocukken yatağımı aynı şekilde ıslatmıştım."

"Gerçekten mi anne?"

"Gerçekten tabii ki."

Fatma rahatlamıştı. Koskocaman annesi bile bunu yapmıştı. Demek ki herkesin başına gelebilirdi. Annesi Fatma'ya sarıldı, hiçbir şey söylemeden öptü. Birlikte banyoya geçtiler ve Fatma'yı yıkadı. Aradan birkaç gün geçmişti ki Fatma bir daha altına kaçırdı. Fatma yine çok utandı. *"Anne bunu lütfen kimseye söyleme, olur mu?"* Annesi Fatma'ya sarıldı: *"Tabii ki bunu kimseye söylemeyeceğim. Aramızda sır olarak kalacak ama bunun olması seni rahatsız ediyorsa birlikte bunun için çözümler bulabiliriz."*

Anne, Fatma'yı temizledikten sonra biraz onunla konuştu. *"Belki yatmadan önce çok su içtiğimiz için oluyordur. Bu akşam mesela yatmaya yakın içecek içmeyelim, yatmadan önce çişimizi yapalım hatta ben seni gece bir kere çişe kaldırayım. Olur mu?"* Annesi özellikle bu kararları Fatma ile aldı, çünkü Fatma'nın sürece dâhil olmasını istiyor, onu yeni durumlar için psikolojik olarak hazırlıyor ve kriz yönetimi yapmayı öğrensin istiyordu. Fatma *"Tamam."* dedi.

Bunları yaptıkları hâlde Fatma altına kaçırmaya devam edince annesi onu bir doktora götürmeye karar verdi. Çünkü biyolojik bir sebep olabilirdi. Anne bu süreçte çok sabırlıydı ve asla Fatma'nın utanmasına veya utandırılmasına izin vermedi. Bütün merhameti ile yavrusuna yaklaştı. Ama eve birkaç tane alez aldı. Onu yatağa sererken bile Fatma'nın iznini istedi ve nedenini açıkladı. Doktora gittiklerinde bunun biyolojik bir sebebi olmadığını öğrendiler.

Demek ki temelde yatan bir psikolojik sebep vardı. Annesi Fatma'nın son zamanlarda yaşadığı olumsuz olayları düşünmeye başladı ve birden üç hafta önce eşi ile yaşadığı tartışma aklına geldi. Fatma istemeden bu olaya şahit olmuş ve çok korkmuştu. Aslında basit bir tartışma idi ama Fatma ilk defa şahit olduğu için tedirgin oldu. Anne hemen baba ile konuştu. Evin içinde üç kişi olarak daha fazla vakit geçirmeye başladılar. Bazen oyunlar arasında annesi Fatma'ya anne ile babaların aralarında tartışmalar yaşanabileceğini, bunun normal bir şey olduğunu, bunun birbirlerini sevmedikleri anlamına gelmediğini anlattı. Fatma yapı olarak kaygılı bir çocuktu. Olaylardan hemen etkilenebiliyordu. Fatma birkaç defa daha altına kaçırdı, sonra zamanla düzeldi.

Sizin sunduğunuz öneriler ile buradakiler uyuştu mu? Eğer çoğuna *"evet"* diyebiliyorsanız, süpersiniz demektir. Ama *"hayır"* diyorsanız daha fazla bu tarz çalışmalar yapmanız gerekir. İlla kendi sorunlarınızın olmasına gerek yok. Sokakta şahit olduğunuz bir olayı bile gelip evde yazın. Çözüm önerileri sunun. Bu sadece çocuklarınız için geçerli değil. Aileniz, arkadaşınız, komşunuz yani herkes ile yaşadığınız sorunlara üçüncü kişi olarak bakarsanız her şey çok daha kolay olacaktır. Çünkü hayata ve olaylara bakmaya alışkın olduğumuz bir penceremiz var. Bu sizin bakış açınız. Biz her olaya bu pencereden baktığımız sürece sorunlara çözüm bulma noktasında tıkanırız. Üçüncü kişi olarak bakmaya başladığımız an size yepyeni pencereler açılır. Belki sizin yeni bir pencereye ihtiyacınız vardır.

Aslında bu konu çocuktan çocuğa farklılık gösteren bir konudur. Bazen altında psikolojik veya biyolojik bir sebep olmadan da bu tarz bir sorun yaşanabilir. Lakin burada anlatmaya çalıştığım mesele bu tarz olaylarda verilen tepkilerin çok önemli olduğu, kriz yönetimine çocuğun da dâhil edilmesi gerektiği, onun mahremiyetinin korunmasının önemi, psikolojik faktörlü ise bunun altında yatan sebebe odaklanıp çözülmesi gerektiğidir. Eğer ortada biyolojik bir faktör varsa doktor tedavisi ile süreç devam ettirilmelidir. Bu süreçte en önemli faktör sabırdır.

Aslında yukarıdaki olay benim büyük oğlum Kerem'in hikâyesidir. Biz olayı aynen bu şekilde yaşadık ve çözdük. Her çocukta farklı problem davranışlar gözlenebilir. Problem davranışın ilk ortaya çıkmaya başladığı dönem verilen tepkiler hayati önem taşır.

Özellikle çocuklar için alt ıslatmak kaygılı bir süreçtir. Çocuk duygusal olarak da çok yıpranır. O yüzden bu yıpranmaya fırsat vermemek gerçekten hayati önem taşır. Çocuklar büyürken birçok taşlı yoldan geçeceğiz. Onlar hayatı deneme yanılma yolu ile öğreniyorlar. O yüzdendir ki bizlerin çok fazla çözüm odaklı düşünmesi gerekir. Eğer iyi bir ebeveyn olmak istiyorsak sorunlara problem odaklı değil, çözüm odaklı bakmalıyız.

Babacığım Bak, Senin İçin Resim Yaptım

Çocuk elindeki resimle koşarak babasına gider:

"Babacığım, bak, senin için resim yaptım."

Baba resme bakar ama anlamlandıramaz.

"Bunu mu çizdin benim için? Oğlum bu ne biçim resim? O kadar okula gidiyorsun, bir resim bile yapmayı öğrenemedin mi?"

Çocuk biraz bozulur ama çok heyecanlı olduğu için devam eder.

"Ama baba bak, burada ne var biliyor musun?"

"Oğlum burada hiçbir şey yok ki. Bir de heyecanlı heyecanlı anlatmaya çalışıyorsun. Yarın gidip öğretmenine soracağım. Akşama kadar ne yapıyorsunuz okulda?"

Çocuk biraz üzülür ama yine de ısrarla anlatmaya çalışır.

"Baba bak, bir dinle! Bu sensin."

"Oğlum bu kocaman bir yuvarlak, nasıl ben oluyorum? Aptal mısın sen?"

Çocuk anlatmaya devam eder.

"Bak bu da annem."

Baba iyice sinirlenir.

"Sen gerçekten beceriksizin tekisin. Bu nasıl anne? Böyle insan resmi mi olur?"

Çocuk devam eder.

"Bak bu da ben."

Baba kâğıdı çocuğun elinden çeker, *"Çok saçma."* der ve buruşturup atar. Çocuk, kâğıdı alır odasına gider, sessizce ağlamaya başlar. Sonra anne gelir yanına, ne olduğunu sorar.

Çocuk anlatmaya başlar. *"Ben babam için çok güzel bir resim yapmıştım. Ama babam resmimi çok saçma buldu, buruşturup attı. Beni dinlemedi bile!"*

"Bana anlat" der anne.

Çocuk mutlulukla anlatmaya başlar.

"Bak bu büyük kocaman daire var ya o babam. Onu kocaman çizdim, çünkü o evimizin güneşi! Onun varlığı evimizi hem aydınlatıyor hem de ısıtıyor. Bak bu gördüğün ağaç var ya o da sensin. Babam ışık olup evimizi aydınlatıyor ya o aydınlattıkça sen yeşeriyorsun. Köklerini ikimizin de içine salıyorsun. Biz senin saldığın köklerle daha sağlam tutunuyoruz hayata, zarar görmüyoruz. Bazen dallarınla gölge oluyorsun bize, yorulduğumuzda sırtımızı dayayarak dinlediğimiz gövde olu-

yorsun. Dallarında meyveler var ya! Onlarla besliyorsun bizi. Bak burası da kocaman bir tarla. Biz burada top oynuyoruz babamla, bazen de bisiklete biniyoruz. Bak bu da ben. Ufak bir daire üzerine çizilmiş ince dallı bir çiçek. Babam gökyüzünde aydınlatıyor ve ısıtıyor, sen de köklerinle besliyorsun, sonra ben de topraktan sizin varlığınızla büyümüş bir çiçek oluyorum."

Baba içeriden dinliyor onları. Demin oğlunun getirdiği resimde sadece üç tane farklı büyüklükte daire ve küçük bir çiçek vardı. Bir an çok pişman oldu ve üzüldü. Hemen kalktı ve oğlundan özür diledi. Onun için üç tane sıradan daire ve çiçek, yavrusu için hayatının özetiydi.

Çocuklarımızı mutlaka sonuna kadar dinleyelim. Bizim için çok saçma ve gereksiz olan her şey onlar için hayati önem taşıyabilir. Çocuğunuz hevesle yanınıza gelince en saçma bulduğunuz şeye bile değer verin. Özellikle sizin için yapılmış, sizin için alınmış bir şeye elinizde elmas varmış gibi muamele edin. Resimler özellikle çok önemlidir. Bu olmamış demeyin asla. Hele *"Sen yapamıyorsun, beceriksizsin, çok kötü boyamışsın, git bir daha yap, bunu böyle boya..."* gibi cümleler asla kullanmayın. Yaptıkları resimleri bu olmamış deyip buruşturmayın. Bir çocuk üç daire ile size hayatını özetler ama siz farkında olmazsanız o bu özeti bir dahaki sefere çıkarmaktan vazgeçer.

Biri bana bir gün şöyle bir mesaj attı:

"Hocam biz ailemiz tarafından hiç değer görmedik. Ne yaptığımızı beğendiler ne de aldığımızı. Zevk alırlardı bizi baş-

kalarının yanında rezil etmekten. Bir gün bayram harçlıklarım ile anneme küçük bir buket çiçek aldım. Hevesle yanına gittim. Arkadaşları ile masada oturuyordu. Hatta birkaç arkadaş birlikte aldık. Hepimiz annemize verdik. Herkes çocuğuna teşekkür etti. Benim annem ise 'Salak, bütün paranı buna mı verdin?' dedi. O kadar üzülüp mahcup olmuştum ki! 'Küçük paralarımı verdim, büyük paralar bende.' dedim. Sonra annem de üzülüp düzeltmeye çalıştı ama hiçbir anlamı kalmadı. Ben o günden sonra anneme bir daha hiç hediye almadım ve arkadaşımın annesi keşke benim annem olsaydı diye düşündüm. Düşünüyorum da bizim bağlarımız böyle ayrıntılarda kopmuş. Şimdi yavrum bana bir kurumuş dal bile getirse çiçek bahçesi hediye etmiş gibi tepki veriyorum. Çünkü biliyorum ki çocuk kalbi bir kere kırılınca bir daha biri için bir şeyler yapmaktan hep vazgeçiyor."

Çocuk kalbinde paranın bir değeri yoktur. Yani bizim gibi amaç olarak değil, araç olarak kullanır. Özellikle kendini ve başkalarını mutlu etmek için... Bir çocuk büyük hayallerle bir işe başlar, sizin için bir hediye alır veya resim yapar. Aslında değeri çok küçüktür ama anlamı çocuk için çok büyüktür. Siz onların sizler için yaptığı bu masum eylemlere hakaretle, aşağılama duyguları ile tepki verirseniz çocuk vazgeçer. Sizin için hiçbir şey yapmak istemez. Zamanla duygularını, hayallerini ve yaratıcılığını köreltirsiniz. Baktığınız resimde küçük bir daire görürsünüz ama o çocuk için birçok şeyi anlatır. İki gün sonra kuruyacak bir çiçeğe para vermek sizin için gereksizdir ama sizin orada verdiğiniz tepki çocuk ile aranızdaki bağı kuvvetlendirmek için aslında çok önemlidir. Çocuklarınızın gururunu okşayın. Sevgiyle yaklaşın.

Unutmayın bugün küçük gördüğünüz her şey yarın karşınıza dev sorunlar olarak geri döner. Değersizlik hissine kapılan çocuğun size geri dönüşü öfke, saldırganlık veya tamamen içine dönmek ve sizden uzaklaşmak olur.

DEĞER VERİN! ONDAN GELEN TAŞA, TOPRAĞA, OTA, ÇÖPE, KÂĞIDA, HER ŞEYE DEĞER VERİN. YAVRUNUZUN ANLAM YÜKLEYEREK SİZE GETİRDİĞİ ÇÖPÜ BİLE ÇİÇEK NİYETİNE ALIN… ALIN Kİ ÇOCUĞUNUZ KENDİNİ DEĞERLİ HİSSEDİP SİZİN İÇİN BİR ŞEYLER YAPMAKTAN VAZGEÇMESİN…

Bana Aileni Anlat, Sana Kim Olduğunu Söyleyeyim

Eren okuldan gelir, oyuncakları ile oynamaya başlar. Annesi de bu arada yemek hazırlar. Eren oyuna dalmıştır. Yemek saati olduğunu anne söyler ama Eren ısrarla sofraya gelmez.

Hükümdar Aile: Elindeki oyuncağı hemen bırak ve sofraya gel. Eren yine bırakmaz. Anne veya baba odaya girer. *"Sana sofraya gelmeni söyledik. Vaktinde sofraya gelmediğin için bu gece sana oyun yok. Derslerini yapıp hemen yatağa gireceksin."* Elindeki oyuncak sert bir şekilde çekilir ve çocuk sofraya oturtulur. Çocuk öfke içinde masaya oturur, yemeğini korktuğu için yer. İçselleştirilen hiçbir davranış yoktur.

Hükümdar ailede kuralları hep aile koyar. Çocuğun fikri genelde sorulmaz. Ne hissettiği önemsenmez. Aile ne diyorsa haklıdır. Çünkü çocuğunun iyiliğini en iyi onlar düşünür. Çocuklarının ağlamalarına tahammülleri düşüktür. Karşılarında her zaman düzenli ve disiplinli bir çocuk görmek isterler. Dağınıklığa ve itaatsizliğe asla dayanamazlar. Şiddet eğilimlidirler. Konulan kurallara çocuk, rızası ile uymuyorsa korkutularak ya da ceza verilerek yerine getirtilir. Çocuk ile fiziksel temasları azdır ve duygusal ilişkileri zayıftır. Yani çocuklarına çok sık sarılmaz ve aferin kelimesini çok sık kullanmazlar. Çocuklarına sevgi gösterirlerse otoritelerinin sarsılacağına inanırlar.

Çocukta aileye karşı hep bir öfke hâkimdir. Çocuk genelde de çevresine saldırgan davranır. Empati kurma yeteneği zayıftır. Kurallar hep baskı yolu ile yaptırılmaya çalışıldığı için aile otoritesi yoksa çocuk hemen kuralları çiğnemeye başlar. Hükümdar ailenin çocukları tam tersi davranışlar da sergileyebilir. Hep baskı ile karşılaştığı için aşırı içine kapanık da olabilir. Kendini ifade edemez. Hep birilerinin yönlendirmesi ile hareket eder. Aşırı kaygılıdır. Topluluk önüne çıkmak ve konuşmak istemeyebilir. Çünkü duyguları hep bastırılmış ve hiç önemsenmemiştir. Sürekli yanlış yapacağım kaygısı yaşarlar. İlerleyen dönemlerde depresyon ve kaygı bozuklukları bu ailelerin çocuklarında sıkça karşılaşılan problemlerdir. Eğer hedefiniz böyle bir çocuk yetiştirmekse "hükümdar aile tutumu" sergileyebilirsiniz.

Hizmetkâr Aile: Baba birkaç defa söyler ama Eren yine sofraya gelmez. Baba, çocuğunun oyunu bozulmasın ve çocuğu üzülmesin diye yemek kâsesini alır, çocuğunun yanına gider ve kendisi yemeği yedirir.

Hizmetkâr aileler genelde çocuklarına hiç kıyamazlar. Çocukları asla üzülsün istemezler. "*Çocuk o*" deyip her şeye göz yumarlar. Kendi çocuklarını kimsenin üzmesini istemezler ve kendilerinin gösterdiği hoşgörüyü herkes göstersin diye beklerler. Çocuklarına karşı sınırları yoktur. Çocuklarının yaptığı her türlü davranışı aşırı sakinlikle karşılayıp tepki göstermezler. En fazla "*Bunu bir daha yaparsan karışmam.*" der ama çocuk bir daha yapınca herhangi bir yaptırım uygulamazlar. Patron her zaman çocuktur. Hizmetkâr aile, çocuğuna sorumluluk vermez. Bütün yaşamlarını çocuklarına odaklı planlarlar. Çocukları olmadan hiçbir etkinlik yapmak istemezler. Biri ezkaza çocuğuna laf edecek olsa ilişkilerini bile kesebilirler. Bu aileler genellikle geç çocuk sahibi olmuşlardır ya da tek çocuk sahibidirler.

Hizmetkâr ailelerin çocukları sınır çizilmeden büyüdükleri için kural tanımazlar. Her istedikleri anında yapıldığı için sabırlı olma konusunda çok başarılı değillerdir. İstekleri olmayınca hırçınlık yapabilirler. Genelde kendilerini ağlayarak ifade ederler. Çünkü gözyaşlarına dayanamayan ailesine bu şekilde istediği her şeyi yaptırabilmiştir. Herkes ona prens ya da prenses gibi davransın ister. Çevresindeki herkesi kendi hizmetkârları gibi görürler. Arkadaş gruplarında en çok mızıkçılığı bu çocuklar yaparlar. Doyumsuzdurlar. Tüm istek ve arzuları yerine getirilir ama yine de mutsuzdurlar. Bir bardağı bile yıkamadan büyüdükleri için ilerleyen dönemlerde karşılarına çıkan zorluklarda hemen bunalıma girebilirler. Zorluklara karşı dirayetsiz olabilirler. Gecenin bir saati hamburger yemek istiyorum diye saatlerce ağlayabilir. Genel olarak duyarsız, sabırsız, kibirli kişilik geliştirirler. Otobüste yaşlılara ve hamilelere yer vermeyenler genelde bu grup çocuklardır. Kolayca insanları eleştirebilirler. Acımasız davranabilirler.

Yanardöner Aile: Anne hemen sofraya gelmesi gerektiğini aksi takdirde elindeki oyuncakları kaldıracağını söyler. Eren yine gelmez. Anne, Eren'in elindeki oyuncağı alır ve kaldırır. Ama Eren o kadar ağlar ki anne yeniden oyuncağı verir. Çocuk oyuncak ile masaya gelir ama yemeğini annesi yedirir.

Yanardöner aile bireylerinin fikirleri çok hızlı değişir. Şimdi ak dediklerine birkaç dakika sonra kara diyebilirler ya da bugün kızdıklarına yarın hoşgörü gösterebilirler. Çocuk küfür ettiğinde bir gün güler, diğer gün kızarlar. Bugün televizyon yasağı getirirler, yarın misafir gelince vazgeçerler. Davranışları çocuğun tavırlarına göre şekil alır. Genelde kendi konforlarını düşünürler. Sorun çıkmaması ve çocuklarının sakince oturmaları için genelde hep kuralları değiştirirler. Çizilen sınırlarda kararlılık yoktur.

Yanardöner ailenin çocuğu da genelde tutarsızdır. Çünkü bu dengesizlik içinde çocuğun kimyası bozulmuştur. Ailesinin ne zaman ne tepki vereceğini bilemediği için kaygılıdır. Çocuk saldırgan davranışlar gösterir ya da aşırı içine kapanıktır. Arkadaşları ile uyum sorunları yaşayabilir. Kurallara uymak istemeyebilir. İsteklerini yaptırabilmek için her yolu deneyebilir. Genelde bu çocuklar da kararsızdır. Bu çelişkiden dolayı çocuklar ne istediklerini bilemezler. Şimdi elma diye ağlarken birkaç dakika sonra ben elma istemiyordum diye ağlayabilir.

Kendi İçinde Çelişen Aile Tutumu: Anne Eren'in sofraya gelmesini söyler. Ama Eren çikolatalı ekmek yiyeceğini belirtir. Annesi bu isteğinin yemekten sonra olacağını söyler ama Eren ısrar eder. Anne yine kabul etmez. Eren ısrar etmeye devam edince baba devreye girer. *"Ver çocuğa çikolatalı ekmeği, ne var bir akşam da çikolatalı ekmek yesin, ağlatma çocuğu."* Eren hedefine ulaşır. Yemek değil, çikolatalı ekmek yer.

Kendi içinde çelişen ailelerde genelde bir taraf kural koymaya çalışırken diğer taraf bu kuralları gereksiz görerek bozmaya çalışır. Çünkü o bir çocuktur. Ağlatılmaması gerekir. Kurallar çocukların isteklerine göre değişebilir. Genelde kuralı bozan dedeler ve nenelerdir. Torunlarına kıyamazlar. Çocukların yanlarında ağlamasına üzülürler ve olaya duygusal yaklaşırlar ya da aile içinde konforu bozulmasını istemeyen anne ya da baba kural bozucu olabilir.

Çocuklar için kendi içinde çelişen aile bulunmaz nimettir. Çünkü birileri mutlaka onun isteklerini yerine getirir. Çocuklar nabza göre şerbet vermeyi de çok iyi bilirler, kiminle nasıl iletişim kuracağını da. Bu tarz bir ailede büyüyen çocuğa kural ve düzen oturtabilmek çok zordur. Çocuk bu dengesizlik içinde huzursuz ve kaygılı olabilir. Kuralları koyan tarafı sıkıcı bulup izin veren tarafa yakınlık gösterilir. Aile içinde bu durum genelde huzursuzluğa sebep olur. Çocuk sosyal ortamda uyum sağlamakta zorluk çekebilir. Çocuklar için en tehlikeli tutumlardan biridir. Çocuğu dengesizleştirir.

Kararında Aile Tutumu: Ailesi neden ısrarla sofraya gelmediğini sorar. Çocuk aç olmadığını söyler. Anne düşüncesine saygı duyar. Çünkü yetişkinlerin yemek ya da yememek gibi nasıl kararları varsa bu hakka çocuğun da sahip olduğunu düşünür ve çocuğa şunu söyler: *"Şu an yemek saati. Aç olmasan da herkes sofrada buluşmak zorunda. Yemek yemeden bizimle sofraya oturabilirsin. Çünkü bu evin bir kuralı ve çocukları için çizmiş olduğu bir sınırı vardır. Herkes yemek saatinde sofraya oturmak zorundadır."*

Burada çizilen bir sınır var ve aile, şartlar ne olursa olsun bu sınır içinde kalmayı başarıyor. Anne ve baba her zaman akşam yemeğinde sofrada olmuş oluyor. Çünkü ortada bir kural varsa önce anne ve baba uymalıdır, kararlı ve tutarlı olmalıdır. Aile hep tutarlı ve net davrandığı için Eren sofraya oturur. Sofraya oturunca da yemek yemeye başlar. Çocuklar için çizmiş olduğumuz sınırlarda ne kadar tutarlı ve kararlı davranırsak o kadar başarılı oluruz. Tabii bu sınırları belirlerken çocuğumuzun istekleri göz ardı edilmemelidir. Mesela yemek saatinde herkesin sofrada olması yedi yaşındaki bir çocuk için çizilebilecek bir sınırken yemek yemeye zorlamak çizilen bir sınır olamaz. Zorla *"Sen açsın, yemek yemelisin."* demek *"Sen aptalsın, aç olup olmadığını anlayamazsın, bunun kararını ancak ben verebilirim."* demektir. Zaruri durumlarda akşam yemeğine katılamayan aile bireyi bunu diğerlerine açıklamalıdır. Bu da çizilen sınıra gösterilen saygıdır. Bazen çizilen sınırlar dışına çıkabilir ama çok zaruri durumlar olmalıdır. Çünkü çocuklar büyükleri kendine model alırlar. Mesela yemek masada yenmesi gerekiyorsa herkes masada yemelidir. Baba ya da anne yemeğini alıp koltukta yiyorsa ve çocuktan da masada yemesini istiyorsa bu *"Hocanın dediğini yap, yaptığını yapma olur."* ama çocuk her zaman hocanın yaptığını dikkate alır. Bu kural her aile için geçerli olmayabilir tabii. Burada anlatılan, örnek bir olaydır. Ama naçizane fikrim, akşam yemeklerinde aile bireylerinin bir arada olması ve paylaşımlarda bulunması aile bütünlüğünü korumak adına güzel bir davranıştır.

Kararında aile tutumu sergileyen anne ve babaların empati gücü kuvvetlidir. Çocuklarının fikirlerine ve duygularına önem verirler. Çocuklarına tercih yapma hakkı verirler. Dinleme ve anlatma yetenekleri kuvvetlidir. Çocukları onlara soru sorduklarında büyük bir ciddiyetle dinlerler ve cevaplarlar. Korkutma ve tehdit, iletişim dilleri değildir. Bir şeye *"Hayır"* derlerse bunu çocukları ağlıyor, çok ısrar ediyor diye *"Evet"*e çevirmezler. Kardeşler arasında adaletli davranırlar. Çocuğu değil, davranışını eleştirirler. Mesela burnu ile oynayan çocuğa *"Sen ne kadar pis bir çocuksun!"* derseniz kişiyi eleştirirsiniz. *"Burnunu parmağın ile temizlemen hiç hoş değil, peçete kullanmalısın."* derseniz davranışı eleştirirsiniz. Sevgilerini ve ilgilerini göstermekten asla çekinmezler.

Kararında ailenin çocuğu kendisine karşı anlayışlı ve saygılı davranıldığı için isteklerini ağlayarak değil, konuşarak ifade eder. Toplum içinde uyum sorunu yaşamaz. Arkadaşlarına karşı nazik ve anlayışlı olmaya çalışır. Öz güveni gelişmiş ve kendini ifade etme yeteneği kuvvetlidir. Hayata karşı genelde olumlu bir tavır takınır. Hayatın içinde başarının da yenilginin de olduğunu kabul eder. Gerektiğinde özür dilemeyi ve kendini korumayı çok iyi bilir. Hayata karşı problem çözme yetenekleri gelişmiştir. Sorun odaklı değil, çözüm odaklı düşünür. İnsanı, hayvanı, doğayı sever ve korur. Yalan söylemeyi tercih etmez.

Kötü Bir Çocukluk Geçirmiş Herkes Kötü İnsan Olur mu?

Umut üç çocuklu bir ailenin en küçük bireyi olarak dünya gelmiş. Ailenin en küçük bireyi olmasından dolayı sevilen bir çocukmuş. Ama anne ve babası hiç anlaşamazmış. *"Babam çok ilgisiz bir adamdı. Eve doğru düzgün gelmezdi. Annemi hep başka kadınlarla aldatırdı. Annemin çenesi de hiç susmazdı. Annem çok konuştuğu için sürekli dayak yerdi. Hep arada kalıp ayırmak zorunda kalırdım."*

BİR ÇOCUĞUN HAYATTAKİ EN ZOR ANLARIDIR DAYAK YİYEN ANNESİNİ BABASININ ELLERİNDEN ALMA ÇABASI...

"Annem ile ilişkilerim hiç iyi olmadı. Cahil, bencil bir kadındı. Kalbinde hep fesatça düşünceler vardı. Kalbi mühürlü gibiydi. Hâlâ öyle. Kendince her şeyin doğrusunu o biliyordu ama aslında bildiği hiçbir şey yoktu. Bizim duygularımızı hiç önemsemedi. Bir kere kucağına alıp sevmedi. Bayram günleri hep zehir olurdu bize. Babamın akrabalarına gitmemek için hep kavga çıkarırdı.

Evimize kimse gelsin istemezdi. Babama kızar, ondan sinirini alamayınca gelip bizi döverdi. Elinde ne terlik ne de maşa eksik olurdu. Bizi susturmanın ve kendini rahatlatmanın en iyi yolu ona göre bizi hep dövmekti. İçten içe hep nefret ettim. Hâlâ bile iyi bir ilişkimiz yok. Annem olduğu için saygı duyuyorum.

Bizim psikolojimizi hiç düşünmedi. Kendisi mutsuz bir insandı. Kendi mutsuzluğu ile bizi de hep zehirledi. Çocuklar için anneler çok daha önemli diye düşünüyorum. Annem sevgi dolu bir kadın olsaydı, dünyalık sorunlarla değil, bizimle ilgilenseydi biz çok daha mutlu olabilirdik. Çünkü sorunlar genelde annemin bitmek bilmeyen isteklerinden, bencilliklerinden, sürekli dırdır etmelerinden kaynaklı çıkıyordu. Babam anneme göre kısmen daha uyumlu bir insandı aslında. Annem biraz daha hoşgörülü ve sevecen bir insan olsaydı biz aile olarak bu kadar mutsuz olmazdık diye düşünüyorum. Babamı hiç güler bir yüzle karşılamazdı. Konuşurken suratına bile doğru düzgün bakmazdı. Babamın yaptıklarını asla doğru bulmuyorum ama annem yaşadığımız birçok acının temel sebebi. Çünkü anneler babaların eksik bıraktığı yarayı az da olsa merhameti ile kapatabilirdi. Ama benim annem de babam da bize karşı çok merhametsizdi.

Bir gün evimizden annemin bilezikleri çalınmıştı. Benim çaldığımı düşündüler. Ben o zaman altı yaşında falanım. Babam o bilezikler için beni o kadar çok dövdü ki! Ağzımdan burnumdan kan fışkırıyordu. Yalvarıyorum babama ne olur vurma diye. Annem de karşıdan seyrediyor. Artık o korku ile 'Ben çaldım, sakladım.' demek zorunda kaldım. Bu sefer de yerini gösteremediğim için bir dünya sopa yedim. O gün üstüm başım kan içinde uyuyakaldım. Bir annenin hiç mi evladı için yüreği sızlamaz? Ne annemin ne de babamın yüreği benim için sızladı. Bir ay sonra bilezikleri komşunun çaldığı öğrenildi. Biliyor musun, benden bir özür bile dilemediler. Şimdi anlıyorum ki ben o gün anne ve babama kalbimi mühürlemişim.

Çocukluğum zehir gibi geçti. Hiç güzel bir hatıram yok. Çok zor bir ergenlik geçirdim. Okul hayatım hep başarısızdı. Çünkü aklım sürekli evdeydi. Acaba bugün de kavga çıkacak mı diye düşünmekten öğretmenlerimizi hiç duymuyordum bile. İçine kapanık bir çocuktum zaten. Kimse varlığımın farkında bile değildi. Hep başkalarının ailelerine özendim. Değersiz hissetmenin acısı sürekli yüreğimi yaktı... DÜNYAYA BİR DAHA GELSEM ASLA BU AİLENİN BİR BİREYİ OLMAK İSTEMEZDİM. Kendi çocukluğuma dönüp baktığımda acıyorum o çocuğa.

Lisede bir gün bir öğretmenim benim farkıma vardı. Hep konuştu benimle. Ben ilk defa yüreğimi o öğretmenime açtım. Evde kendi ailemde görmediğim ilgiyi, aile ortamının sıcaklığını ben o öğretmenimin ailesinde gördüm. Hayata yeniden tutunmamı sağladı. Ufkumu açtı benim. Hayata farklı bir pencereden bakmayı öğretti. Sonra okudum işte avukat oldum. Aslında zeki bir çocukmuşum ama kafayı hiç toplayamadığım için hep not ortalamasının altında kalırdım.

Çocuğuma ailem gibi bir aile olmamak için çok direndim. Yıllarca psikolojik tedavi gördüm bu arada. Çok ağır depresyonlar atlattım. Tedavilerim hâlâ devam ediyor. Ama eşimden başka kimse bilmez. Çok zor günler geçirdim, çok ağır duygusal bedeller ödedim. Evet, avukat oldum ama ruh sağlığı her an bozulmaya hazır bir avukat, anne ve babasından nefret eden, çocukluğuna dair özlemleri olan, oturup kendi çocukluğundaki çocuğa ağlayan bir avukat.

Biliyor musun, ailemden nefret ettiğimi ilk defa sana itiraf ediyorum. Hayırsız evlat yoktur, hayırsız ana ve babanın büyüttüğü çocuk vardır. Biz güçsüzdük o zaman, onları terk edip gidemedik. Her türlü fiziksel ve psikolojik şiddeti gördük. Şimdi ben bana yapılanların aynısını anama, babama yapsam haksız mıyım?

O da zamanında ben güçsüzken bana yapmıştı. Şimdi onlar yaşlı ve güçsüz. Kötü davransam adım hayırsız evlat olur ama kimse çocuğunu döven, kötü davranan ana babaya hayırsız demiyor, yargılamıyor, toplumdan dışlamıyor. Çocuklar insan değil mi? Duyguları yok mu? Canı acımıyor mu? Üstelik ne kadar muhtaçlar. Yatalak bir insana işkence etmek neyse küçük bir çocuğa da yapılan odur. Ben merhametli bir insanım, asla aileme kötü davranmadım. Asla bu duygularımdan onlara bahsetmedim. Yine de kalplerini kırmak istemiyorum. Yine de kıyamıyorum. Sana anlatıyorum ki sen de diğer insanlara anlat diye. Sürekli kavga eden aileler bir daha düşünsünler. Çocukları ne hissediyor, anlasınlar."

Evet, baştaki sorunun cevabını verdim sanırım. Kötü bir çocukluk geçirmiş herkes kötü insan olmuyor elbet ama gördüğünüz gibi mutlu bir insan da olamıyor. Ben bu bölümü yazarken çok ağladım. Keşke dedim, şu an bir senaryo yazıyor olsaydım. En yakınım, en sevdiğimin hikâyesi!

Kötü çocukluk geçirmiş bir insan bir ülkeye cumhurbaşkanı bile olsa, dünyanın en zengin insanı da olsa o geçmişte yaşanan boşluk kapanmaz. Karşımıza sürekli olarak çıkar.

Kimse çocuğunun karşısında tartışmasın, sorun yaşamasın demiyorum. Bu çok uç bir düşünce olur. Çünkü hayatın içinde her türlü duygu vardır. Evet, tartışmalar olacak ama barışmalar da olsun. Aynı ev içinde birbirinden nefret eden iki insan olmayın. Çocuğunuzun ruh hâlini anlamaya çalışın. Siz kendi çocukluğunuza geri dönemezsiniz, hiçbir şeyi düzeltemezsiniz ama çocuğunuzun çocukluk hatıralarını güzel hatıralar üzerine inşa edebilirsiniz. Bu haksızlığı çocuklarınıza yapmayın. Çocuğunuz her şey olabilir, dediğim gibi bu ülkeye cumhurbaşkanı bile. Ama geçmişte mutsuz bir çocukluk hep yürek ağrısıdır. Lütfen bu ağrıyı çocuklarınıza bir ömür yaşatmayın…

"BANA MİRAS OLARAK EV, ARABA, PARA, MAL MÜLK BIRAKMAK İÇİN UĞRAŞMA. VARSIN PARAMIZ OLMASIN, DAMI AKAN, DUVARI RUTUBETLİ İKİ GÖZ EVİMİZ OLSUN. BEN HEPSİ İLE MÜCADELE EDERİM. BÜYÜR, PARA KAZANIR, HEPSİNİ KENDİM ELDE EDERİM. ÇABAN BANA MUTLU ÇOCUKLUĞUN HATIRALARINI BIRAKMAKTAN YANA OLSUN. ÇÜNKÜ NE YAPARSAM YAPAYIM HAYATTA KAZANAMAYACAĞIM TEK ŞEY MUTLU ÇOCUKLUK! ÇOCUKLUĞUMUN KADERİ SENİN ELLERİNDE. BENİ KENDİ KADERİMİN İÇİNDE KAYBETME, DİPSİZ KUYULARA ATMA. BANA NEDEN EV, ARABA BIRAKMADIN DİYE HESAP SORMAM AMA ÇOCUKLUĞUMU MAHVETTİYSEN BUNUN HESABINI BİR ÖMÜR SORARIM SANA… GEÇMİŞİME İYİ BAK Kİ BEN DE GELECEĞİME SARILABİLEYİM…"

Çocuklar Çok Masum

Hiç düşündünüz mü çocuklarımıza psikolojik ve fiziksel şiddet uygularken neden bu kadar rahat olduğunuzu? Ya da çocuğunuza öfkenizi kusarken yapmış olduğunuz davranışları eşinize, dostunuza, ailenize rahatça yapabiliyor musunuz?

Tokat atmayı alışkanlık hâline getirmiş birçok aile gördüm. İnanın bana, çocuğunuza davrandığınız gibi etrafınızdaki insanlara davransanız yanınızda kimse kalmaz. Peki, çocuğunuza neden bu kadar rahat davranıyorsunuz biliyor musunuz?

Çünkü O SİZE MUHTAÇ!

Aynı şekilde tepki veremez, sizi terk edemez ya da bağırıp çağıramaz. Sadece susar veya ağlar. On dakika sonra gelir ve hiçbir şey yaşanmamış, siz onu hiç üzmemişsiniz, kalbi hiç kırılmamış gibi yine boynunuza sarılır.

Siz, size kötü davrananları bu kadar çabuk affediyor musunuz? ETMİYORSUNUZ!!! On dakika önce hakaret edip tokat atan birini hemen affedip bağrınıza basamazsınız. Size bir an önce sarılsın diye düşünmezsiniz. İçinize dert olmaz kırgınlığınız. Boynunuzu bükmezsiniz. Ama çocuğunuz boynunu büker; siz onu döversiniz ama o affedin diye sizi bekler. Dayağı yer ama yine de sizi üzdüğünü düşünerek bunu içine dert eder. Sizi affetmek için sabırsızlanır. Çocuklar çok masum. Onların bu masumluklarını kullanmayın.

Belki beden olarak size bir şey yapamazlar ama düşünce olarak sizi terk ederler. Ruhlarında derin yaralar açarsınız. Telafisi zor durumlara sokarsınız. Vurmak, hakaret etmek kişinin acizliğindendir. Konuşmak anlatmak için erdem sahibi olmak lazım.

Çocuğunuz Çok Saldırgan veya İçine Kapanıksa Neler Yapabilirsiniz?

Ahmet altı yaşında, çok hareketli ve saldırgan bir çocuktu. Komşular ve okuldaki öğretmeni Ahmet'ten sürekli şikâyetçiydi. Anne bu şikâyetleri duydukça çok geriliyor ve Ahmet'i tehdit ediyordu. Bazen dövüyor bazen de babasına şikâyet ederek, babanın da çocuğu azarlayarak terbiye etmesini istiyordu. Bu durumdan çok rahatsızlardı. Anne baba olarak Ahmet'e saldırgan davrandıkları için kötü model oluyorlardı ama bunun bir türlü farkına varamıyorlardı. Aile içi iletişim de kötüydü. Ahmet'i düzeltmeye çalışmadan önce kendilerini düzeltseler sorun kökten çözülmüş olacaktı.

Ahmet'in ilk saldırgan davranışları iki yaş civarında başladı. Annesi, Ahmet birilerine zarar verdikçe çok kızdı hatta bazen canını yaktı. Aslında iki yaş civarı görülen bu davranış saldırganlık değil, konuşamadığı için çocuğun kendini bir şekilde ifade etme yöntemidir. Anne bu dönemde onu sevgiyle kucaklayıp ne istediğini sabırla anlamaya çalışsaydı Ahmet'in hırçınlığı büyük ihtimal zamanla sönecekti. Annesi Ahmet'i çizgi film izlerken de başıboş bırakıyordu. Ahmet çizgi filmlerde kavga ve savaş sahnelerini izledikçe de hırçınlaştı ve gördüklerini etrafındaki çocuklara uygulamaya başladı. Anne, Ahmet'i başıboş bırakmayıp izlediği çizgi filmleri kontrol etseydi Ahmet bu olumsuz modellemeleri hiç tanımayacaktı. Ahmet enerjisini boşaltamadığı için de hırçınlaşıyordu. Aslında eve alınan kum torbası çocuğun enerjisini boşaltmasına faydalı olabilirdi veya yüzme gibi bir spor dalı ile uğraşmasını sağlayarak enerji doğru yöne yönlendirilebilirdi. Aile çocuğun olumsuz davranışlarına değil, olumlu davranışlarına yönelmiş olup bu davranışlarla ilgilenseydi sorun yine büyük oranda çözülmüş olacaktı.

Bir de çocuğumuza saldırgan ve öfkeli davranıp onun sakin olmasını, çevresine zarar vermemesini beklemek biraz imkânsızı beklemek olur. Çocuk dünyaya saldırgan ve öfke kontrolsüz olarak gelmedi. Ya birini model aldı ya şiddet gördü ya da yanlış öğrenmeler ile bu davranış pekiştirildi. Bir ihtimal biyolojik bir rahatsızlık olabilir. Aşırı saldırgan davranışlar mevcutsa bir uzman desteği mutlaka alın. Çocuğunuz özellikle yedi yaşından büyükse ve onun aşırı kontrolsüz olduğunu düşünüyorsanız mutlaka yardım almalısınız.

Bizi saldırgan çocuklar kadar içine kapanık çocuklar da çok düşündürür. Ben öyle bir çocuktum, biliyor musunuz? Kendimi ilkokul yıllarında hiç ifade edebildiğimi hatırlamam. Mahalledeki arkadaşlarım çok dışa dönüktü. Elimdeki ipimi alırlardı, hiçbir şey diyemezdim. Hatta gelip anneme bile şikâyet edemezdim. Annem çok dominant bir kadındı. Çok kontrollü büyüttü beni. Bir de üç erkekten sonra olunca daha bir üstüme titredi. O beni korudukça, sokağa salmadıkça ben daha bir içime kapandım. Biraz da fıtrat galiba. Ya da adı her neyse! Belki de travmadır. Belki de suskunluğum mutsuzluğumdandır.

Çok hasta olurdum küçükken. O yüzden midir bilmem, annem bana hiç sorumluluk vermedi. Büyüdükçe, benim aklım biraz erdikçe bir şeyler yaptım. Üstüm kirlenecek diye hiç mutfağa sokmadı mesela. O evden gidince ben hemen mutfağa girer, bir şeyler yapmaya çalışırdım. Eve gelince bir ton laf ederdi. Milletin anası iş yapmıyor diye kızarken benimki yapıyorum diye kızardı. Ama benim canım durmazdı.

On yaşıma kadar arka sokağa geçmeme bile izin vermezdi. Hep kapının önünde oturur beklerdi beni. Üzerinde seni takip eden bir göz olunca çok açılamıyor galiba insan. Tabii ben size şimdi çocuğunuzu başıboş sokağa bırakın demiyorum. Sokaklar artık eskisi kadar güvenilir değil maalesef.

Aslında bak ne kadar dışa dönük bir insanmışım. Fırsat verilseydi daha küçük yaşlarda açılırdım belki. Aslında bazen küçük bir dokunuş bile çocuğa çok şey katar, biliyor musunuz? Öğretmeninden aldığı bir aferin, anne ve babasının takdiri, toplulukta bir şiir okumak, herhangi bir spor ile uğraşmak…

Çocuklarım benim gibi değil Allah'a şükür. Çünkü ben onları her zaman yüreklendirdim. Her zaman takip ettim ama hiç hissettirmedim. Düştü, hemen kaldırmadım, kalkmasına müsaade ettim. Sıcağa yaklaşınca geri çekmedim, biraz daha yaklaştırarak ne kadar sıcak olduğunu hissettirdim ki tehlikeyi kendi anlasın. *"Sen dur, ben yaparım."* demedim. Ters giydiği çorabı düzeltmedim, bir gün düz giyeceğine inanıyordum. Koltuktan atlamak istediğinde "*Bacağın kırılır, atlama.*" demedim, "*Atlarsan bacağın acır, haberin olsun.*" dedim. Bacağı acıyınca da kendisi keşfederek bir daha yapamadı. Ben onların önüne asla set olmadım. Yaptıkları en kötü resmi bile başköşeye astım. Arkadaşları ile kavga edince kendileri çözsün diye bekledim, çözemeyince müdahale ettim. Parmağı kanayınca "*Ne yaptın?*" demedim, "*Olabilir.*" dedim. Paniklemesine izin vermedim.

Yiğit ile değil ama Kerem ile çok şey yaşadım. Bütün problem davranışları gördüm. Alt ıslatma, sümük yeme, tırnak yeme... Hepsinde sabırlı oldum. Asla aşağılamadım, hakaret etmedim. Ağzımdan salak kelimesi bile çıkmamıştır. Evet, kızdığım zamanlar oluyor. Asla kızmadım desem yalan söylemiş olurum. Çok kontrolden çıkacak duruma geldiğim zamanlar da oldu. Ama ruhlarında, kalplerinde derin yaralar açacak hiçbir şey yapmadım. Yani içimde özlem kalan ne varsa hepsini çocuklarıma yaşattım. Çocukluğuma olan özlemimi çocuklarımla yaşadım. Çocuklarımla çocukluğumda bana yapılan yanlışları iyileştirdim.

Ama fıtratı gereği içine kapanık bir çocuğum olsaydı onu mutlaka bir kursa yazdırırdım. Öğretmeni ile konuşur, çocuğuma sınıfta fırsat vermesini rica ederdim. Sınıfın veya mahallenin en dışa dönük çocuğunun annesi ile arkadaş olurdum. Çünkü anneler arkadaş olunca çocuklar da hemen kanka olur. Elimden gelen bütün fırsatları sunardım ona. Benim gibi bir çocuk olmaması için çok mücadele ederdim.

Şu an diyorum ki iyi ki bu kitabı yazıyorum. Çünkü ben bu kitabın her cümlesinde kendimle yüzleşiyorum.

Her Şeyin Fazlası ve Azı Zarar, Ortası Yarardır

- Anne, hamburger yiyebilir miyim?
- Hayır.
- Anne, dışarı çıkabilir miyim?
- Hayır.
- Anne, oyuncak alır mısın?
- Hayır.
- Anne, arkadaşıma gidebilir miyim?
- Hayır.
- Anne, televizyon izleyebilir miyim?
- Hayır.
- Bununla oynayabilir miyim?
- Hayır.

Eveeet sevgili *"hayırcı"* aileler! *"Hayır dediğim hâlde çocuğum ısrarla hayır dediğim şeyleri yapmak istiyor."* dediğiniz oluyor mu? Mutlaka oluyordur. Neden mi? Bunun birçok sebebi olabilir elbet ama ben sürekli hayır deyip bir de açıklamada bulunmayan ailelerden bahsetmek istiyorum.

Bu aileler açıklama yapma ihtiyacı hiç hissetmezler ve istemediği her şeye hayır derler... Hayır dedi ise konu kapanmıştır. Çocuk ısrar ederse *"Hayır dedim, uzatma. Bir hayırdan anla. Bıktım ısrar etmenden."* gibi cümlelerle çocuğuna tepki verirler. Çocuk hayır kelimesi ile asla tatmin olmaz. Sürekli ısrar etmeye devam eder. Ailesini sonuna kadar bunaltır. Genellikle bu işin sonu her iki taraf için üzüntü ile biter.

"Peki, ne yapalım hocam, her dediğine evet mi diyelim?" diyorsanız tabii ki hayır. Asla öyle bir şey demiyorum. Hatta sürekli hayır demek ne kadar doğru değilse sürekli evet demek de çocuk için o kadar yanlıştır. Her zaman söylediğim gibi denge çok önemlidir. Çocuğunuza hayır diyerek kurallar ile ilgili sınırlarını çizersiniz. Ama ne şekilde hayır dediğiniz çok önemlidir.

Çocuk için doğru bulmadığınız ve gerçekten zararlı olacağını düşündüğünüz bir şeye hayır demeden önce mutlaka bunun sebebini ona açıklayın.

Diyelim ki sürekli balkona çıkıp tek başına vakit geçirmek isteyen bir çocuğunuz var. Siz de çocuğunuz düşer kaygısı ile sürekli hayır diyorsunuz. Sadece hayır diyerek çocuğunuzu bu tehlikeden uzaklaştırmanız mümkün değil. Çocuklar her zaman onları tatmin edecek cevapları sizden duymak isterler.

Peki, böyle bir durumda ne yapmak lazım? Önce açıklama yapmalıyız. *"Evimiz yüksek bir yerde olduğu için sen aşağı düşersen çok ciddi yaralanabilirsin. Canın çok acır ve bu acılardan dolayı çok üzüntü yaşayabilirsin. Günlerce hastanede kalır, bizi bile göremeyebilirsin. Ancak yanında bir büyük olduğu zaman balkonda oynayabilirsin. Bu sebeplerden dolayı balkonda oynama izin veremiyorum. Evet, seni anlıyorum. Balkonda dışarıyı izlemekten zevk alıyorsun. Ama bunu yalnızken yapman çok tehlikeli olabilir. Seni çok seviyorum. Benim için çok değerlisin. Sana bir zarar gelirse ben çok üzülürüm. O yüzden bu konu ile ilgili aldığımız karara lütfen uyalım."* Çocuk bu sözleriniz ile tehlikeyi az da olsa anlar. Kendini değerli hisseder. Çünkü siz kestirip atmadınız. Açıklama yaptınız. Üstelik ona ne kadar değer verdiğinizden bahsettiniz.

Hatta zemininin müsait olduğu, kimsenin zarar görmeyeceği bir yerde oturuyorsanız birlikte aşağı bir bardak atın. Sonra aşağı inip bardağın nasıl parçalara ayrıldığını ve zarar gördüğünü çocuğunuz ile birlikte inceleyin. Eminim ki böyle bir çalışmadan sonra çocuğunuz çok daha temkinli olacaktır. Çünkü çocuklarda ölüm kavramı soyut kaldığı için kendilerini süper kahraman gibi aşağı bırakabilir.

Bu örnekte olduğu gibi hayır dediğiniz her şeyi sebepleri ile açıklamak ve somut örnekler göstererek neden hayır dediğinizi anlamasına fırsat vermek çok önemlidir. Tabii her şeyi somutlaştıramazsınız ama etkili açıklamalarla çocuğunuzun zaman içerisinde anlamasına olanak sağlayabilirsiniz.

Size bu konu ile ilgili bir anımı anlatmak istiyorum. Tahmini altı yedi yaşlarındayım. Üç benim abim, dört de dayımın oğulları, hepimiz evin bahçesinde oynuyoruz. Bahçenin etrafında da bir buçuk metre civarında duvar örülü. Biz bu duvara avlu deriz. Annem arada dışarı çıkıyor. *"Avlunun üzerinden yürümeyin."* diyor ve geri içeri giriyor. Tamam, yürümeyelim de neden? O küçük aklımla kuş olup uçmamdan ya da dışarıdan uzanan bir elin beni alıp götürmesinden korkuyor diye düşünürdüm. Hayalperestim bir kere. Neyse ben dinlemedim, avlunun üstüne çıktım tabii. Üzerine vagon gibi sekiz çocuk dizildik. Dengemizi zor kuruyoruz ama yine de yürüyoruz. Tam kuş olup uçacağımı düşünürken, kedi olup iki ayağımın üstüne düştüm. Ayağımın tekinden çat diye bir ses geldi. Baktım sol ayağımın üstüne basamıyorum. Ama korkudan diyemiyorum ki avluya çıktım da düştüm diye. Annem beni tembihlemiş ama ben dinlememişim. Annem soruyor ne oldu diye, *"Ayağım burkuldu."* dedim. Kimse korkudan *"Avluya çıktık da Dilek düştü."* diyemiyor. Bana sadece kızar ama onlar kesin sopayı yerdi.

Neyse aradan üç beş gün geçti. Benim ayak morarmaya başlayınca annem alıp doktora götürdü beni. Kangren olacakmışım neredeyse. Ayak bileğim ve tarak kemiğim çatlamış, lifler de kopmuş. Doktor bir dünya saymıştı anneme. Kadın ne bilsin başıma gelenleri? Küçük bir burkulma sanıyor. Hâlâ aklıma geldikçe annemi düşürdüğüm o durum için üzülürüm. Biliyor musunuz, anneme yıllarca avludan düştüğümü söylemedim. Ta ki diğer ayağımı başka bir avludan düşüp kırıncaya kadar... Bu olay aslında anlatmak istediğim birçok şeyi anlattı sanırım. Neden açıklamanız ve önlemler almanız gerektiğini, baskı ile yaklaşınca çocukların siz yokken mutlaka deneyebileceğini ve denediklerinde yanlışa düşünce sizinle asla paylaşmayacağını ve bunların nelere sebep olabileceğini anlatabildim sanırım.

"Hayır"ın bazen esnetilmesi gereken durumları vardır. Balkonda tek başına oynama isteği esnetilecek bir durum değildir. Mutlaka bir yetişkin denetimi olmalıdır. Ama abur cubur yeme isteği belli sınırlar içinde esnetilebilir. Mesela haftada bir kere çikolata yeme hakkı gibi. Çünkü çocuk abur cuburu etrafında sürekli görür, tadını merak eder. Siz sürekli çocuğunuzun abur cubur yeme isteğine hayır derseniz çocuğunuz size karşı olumsuz tutum geliştirebilir. Çok sık abur cubur tüketiminin zararlı olduğundan bahsedin. Bununla ilgili bir sınır çizin ama sürekli hayır demeyin. Çocuğunuzun yemek saati, uyku saati de bazen esnetilebilecek durumlara örnek olabilir. Düşünsenize evde bir dolu misafir ve onların çocukları var. Ama siz çocuğunuzu uyku saati diye odasına götürürseniz bencillik yapmış olursunuz.

Eğer hayır derken çocuğunuza sürekli katı bir tutum sergilerseniz çocuğunuz size düşmanca davranabilir. İçinde çok büyük nefret duyguları gelişebilir. Sizin engellediğiniz şeye çok daha fazla ilgisi ve merakı uyanabilir. Siz yanında yokken kontrolsüz bir şekilde sizin yasakladıklarınızı yapmak isteyebilir. Benim yaptığım gibi! En önemlisi de ilişkiniz zarar görüp bağlarınız zayıflayabilir.

Çocuğunuz sizden bir şey istediğinde hayır demeden önce onu dinleyin. Ortak bir noktada buluşmak önemlidir. Yeni kuşak çocuklarınızın beklentilerini ve isteklerini anlamaya çalışın. Bizim zamanımızda böyle bir şey yoktu, ayıptı diye kestirip atmayın. Mutlaka mantıklı açıklamalar yapın. Hatta sebepleri elinizden geldiği kadar somutlaştırıp deneyim kazanmasını sağlayın.

Bir de bunun tam tersi, her şeye *"Evet"* demek, *"Hayır"* demek kadar tehlikedir. Çünkü çocuk her şeye sahip olmaya alışır. İstekleri karşılanmayınca büyük krizler yaşanabilir. Çocuk hayır cevabının verdiği duygu ile baş edemeyebilir. Neticede hayat ona istediği her şeyi vermeyecektir. Her istediğinin olması sonucunda doyumsuz ve bencil biri olabilir.

Çocuğunuza gerektiğinde hayır demek sizi kötü ebeveyn yapmaz. *"İmkânım var, neden almayayım? Ben yaşayamadım, o her şeyi görsün, her şeye sahip olsun."* diye düşünmeyin. Bu imkânların hep baki kalacağını nereden biliyorsun? Çocuğun hayır dediğinde üzülüyorsa kendini kahretme. Hayatın içinde her türlü duygu yok mu? Çocuğun bu üzüntü ile de baş etmeyi öğrenmesi gerekmiyor mu? Hem biliyor musun, her isteğine evet denilen çocuklar haz duygusunu ertelemeyi öğrenemiyor. Hazza ulaşamadığı her durumda çok çabuk bunalıma giriyor.

Şimdi düşün bakalım sen çocuğuna iyilik mi yapıyorsun kötülük mü? Bence kötülük değil, çoook büyük kötülük yapıyorsun. Bu çocuk bir gün bir şeyleri kaybettiği zaman sana hesap sormaz mı sanıyorsun *"Neden hep kazanmayı öğrettin de kaybetmeyi öğretmedin?"* diye. İşte o gün yüreğinde büyük bir pişmanlık oluşur ama iş işten geçmiştir. Geç olmadan dengeyi kurmayı dene!

Bir gün keşke dememek için evet hayır arasındaki dengeyi iyi kurup tam ortada buluşmak önemlidir.

Yerine Getiremeyeceğiniz Sözler Vermeyin

Figen tutucu bir ailenin çocuğuydu. Annesi ona sürekli uzun etek giydirirdi. Ama Figen arkadaşları gibi pantolon giymek istiyordu. Bu isteğini o kadar çok dile getirdi ki bir gün annesi eline uzun bir sofra duası vererek *"Bunu bir haftada ezberlersen sana pantolon alacağım."* dedi. Figen büyük bir mutlulukla duayı annesinden aldı. Bir haftada değil, iki günde ezberledi. Sevinçle annesine okudu. Annesi *"Aferin sana."* diyerek başını sıvazladı. Figen *"Pantolonu ne zaman alacaksın?"* diye sordu. Annesi *"Ne pantolonu, kızlar pantolon mu giyermiş? Ben bunu sana duayı ezberle diye söyledim."* dedi ve pantolonu almadı. Figen o gün annesine yüreğinin bütün kapılarını kapattı ve bir daha annesinin hiçbir sözüne güvenmedi. Çünkü annesi, Figen'in yapmayacağını düşündüğü işleri ona yaptırmak için onu hep böyle kandırıyordu. Ama bu son yaptığı Figen'i çok derinden yaraladı. Çünkü bu Figen için önemliydi. Arkadaşları onunla *"Hep uzun etek giyiyorsun, koca kadın mısın sen?*" diye dalga geçiyordu. Figen o pantolonu giyecek, arkadaşlarına kendini ispatlayacaktı. Figen daha yedi yaşındaydı, annesinin ona neden sürekli uzun etek giydirdiğini anlayamıyordu. Zaten bununla ilgili bir öfkesi vardı. Çünkü arkadaşları gibi rahat koşup oynayamıyordu. Eteğine takılıp ya düşüyor ya da otururken sürekli altı gözüktüğü için annesinden azar işitiyordu. Annesi Figen'in bu sıkıntılarını anlayamamış üstelik onu kandırmıştı.

(Şuraya bir not geçeyim. Uzun etekle alıp veremediğim bir şey yok. Kimse sakın yanlış anlamasın. Bu örneği çok yakın bir arkadaşım anlatmıştı. Yaşanmış bir hikâye olduğu için paylaştım. Yoksa insanların kıyafetleri ile ilgili tercihlerine saygım sonsuzdur.)

Bayrama bir hafta gibi bir süre vardı. Semih, babasından bayramda onu lunaparka götürmesini istedi. Babası da ona bayrama kadar harçlıklarını biriktirirse götüreceğini söyledi. Bayram günü geldi. Semih heyecanla lunaparka gitmeyi bekliyordu. İlk gün "*Büyüklere gideceğiz, kurban kesilecek.*" dedi babası ve götürmedi. İkinci ve üçüncü gün "*Misafir gelecek.*" dedi, götürmedi. Dördüncü güne kadar sabırla bekledi ama babası dördüncü gün "*Ne lunaparkı, otur oturduğun yerde. Bayram günü bir de seninle mi uğraşacağım?*" diyerek Semih'e kızdı. Semih o gün akşama kadar odasında ağladı. Kimse onu umursamadı. Neticede çocuktu, ağlar ağlar susardı. Her dediği yapılarak şımartılmamalıydı. Semih de o gün babasına yüreğinin kapılarını kapadı. Çünkü onun da babası ona hep sözler verirdi. Ama genelde verdiği sözleri tutmazdı. Semih bir daha babasına hiç güvenmedi. Şu an kırk yaşında ama hâlâ o gün yaşadığı üzüntüyü ve kırgınlığı hatırlıyor.

Etrafımda buna benzer olayları o kadar çok görüyorum ki. Anı kurtarmak için çocuklara sözler veriliyor ve yerine getirilmiyor. "*Yemeğini yersen sana dondurma vereceğim.*" Çocuk yemeği yiyor ama dondurmayı yiyemiyor. Çünkü anne ya da baba hedefine ulaşmıştır. Çocuk yemeği yemiştir. Bununla ilgili krizi çözmek için her yol mubahtır.

Sanıyor musunuz ki anı kurtardınız? Asla! Anı berbat ettiniz. Çocuğunuzun bütün güvenini sarstınız. İçinde öfke duyguları oluşturdunuz. Böyle küçük küçük yalanlarla çocuğunuzu kendinizden büyük büyük uzaklaştırdınız. Ama farkında olamadınız. Bir çocuğa yapılan en büyük yanlışlardan biri de budur. KANDIRMAK!

Biri size aynı şeyi yapsa hoşunuza gider mi? Düşünsenize, arkadaşınızdan arabasını istediniz. O da size dedi ki "*Bankada küçük bir işim var. Bunu sen halledersen arabayı ihtiyacın olduğu saatte sana veririm.*" Önce arkadaşınız sizden karşılık istediği için bozulursunuz. Ama işiniz acil, araba size o an çok gerekli. Bu yüzden o kısmı atlayıp, gidip arkadaşınızın işini hallettiniz. Sıra arabayı almaya geldiğinde arkadaşınız size diyor ki "*Ben sana arabayı vermeyeceğim ki işimi hallet diye yalan söyledim.*" O an sizin içinizden geçen duygu, bunu çocuğunuza yaptığınız anda çocuğunuzun hissettiği duygu ile aynıdır. Ne kadar sinirlenirsiniz, değil mi? Hatta belki arkadaşınıza o sinirle bir kafa atarsınız. Bir daha o arkadaşınızın yüzüne bakmak istemezsiniz.

İşte belki çocuğunuz da o an size zarar vermek istiyordur fakat gücü yetmiyordur. Ama o an sizden nefret etmeye duyguları yeter. Bu nefret içinde büyür büyür, kocaman bir yanardağ olur. Bu dağ ne zaman patlar, size zararı ne olur, işte onu ben de kestiremiyorum.

O yüzden şartlar ne olursa olsun asla çocuklarınızı kandırmayın. Kandırmayın ki çocuklarınızın size olan güvenleri sarsılmasın. Yoksa bir gün kendini size öyle bir kapatır ki! Ne yaparsanız yapın bir daha asla açamazsınız. Varsın yemeğini yemesin, oyuncağını toplamasın, ödevini yapmasın. Bu yapamadığı şeyler çocuğunuza, ailesinin bir yalancı olduğunu düşünmesinden daha az zarar verecektir.

Neyi Nasıl Engelledik?

! Ellerine hazır oyuncaklar vererek yaratıcılığı

! Hazır resimler boyattırarak hayal gücünü

! *Bu resim olmamış, daha güzelini yap,* diyerek yeteneğini

! *Sürekli oyuncağını, eşyanı koru,* diyerek paylaşma duygusunu

! *Sen dur, ben yaparım,* diyerek başarma hissini

! *Lafımı bölme,* diye bağırarak kendini ifade etme yeteneğini

! Her istediğini yaptığımız için sabredebilmesini

! Kolayca ulaşmasını sağladığımız için kıymet bilmesini

! Eşyalarımızı korumaya çalışırken onun keşfetme duygusunu

! *Beceriksizsin,* diyerek yeniden deneme arzusunu

! Sürekli olarak tembihlediğimiz için otokontrol becerisini

! Sorumluluk vermediğimiz için sorumluluk alma isteğini

! Desteklemediğimiz ve takdir etmediğimiz için öz güvenini

! Sürekli kıyasladığımız için kendini olduğu gibi kabul etmesini

! Beklentilerimizi yüksek tutarak hatalarını görmesini

! Hakaret ve alay ederek, baskı uygulayarak, döverek gururunu kırarak, empati kurmasını, bir başkasını sevmesini, bir başkasına saygı duymasını

! Sürekli yetişkin gibi davranmalarını bekleyerek çocuk olmalarını *ENGELLEDİK!!!*

Çocuğunun Ritmini Dinle

İpek ilkokul birinci sınıf öğrencisi. Yarı dönem olmuş ama hâlâ okumayı öğrenememiş. Anne, bir arkadaşımın eltisi. Arkadaş benim bilgim dâhilinde numaramı onlara verdi. Anne de panik bir şekilde bana yazdı: *"Bütün arkadaşları okumayı söktü ama bizim kız daha sesleri birbirine vuramıyor. Çok üzülüyorum hocam, ne yapmalıyım?"* Anne ileri düzeyde paniklemiş, anladım. Bu yüzden de anneyi aradım.

- Hocam, ne yaparsam yapayım yok, öğrenemiyor! Okulun rehberlik servisi ile görüştüm, psikoloğa götürdüm. Herkes iyi diyor. Bir sıkıntı yoksa neden öğrenemiyor?

- Çocuğun ritmini yakalayamamış olabilirsin.

- Nasıl yani?

- Bak şimdi! Herkesin bir ritmi vardır. Bu ritim doğrultusunda hayatımızı yaşarız. Mesela kimi çok hızlı konuşur kimi yavaş. Kimi erken yatar kimi geç. Kimi sayısalı daha kolay anlar kimi sözeli. Kimi sinemaya gitmekten hoşlanır kimi de evde film izlemekten... Yani herkesin ilgi alanı farklıdır. Nasıl ilgi alanlarımız farklı ise öğrenme stillerimiz de farklıdır.

- Yani ben stil hatası mı yapıyorum?

- Bilmem. Onun cevabını sen vereceksin. Bu arada aile ilişkileriniz nasıl? Eşin ile iyi anlaşabiliyor musun? Çocuğunun babası ile arası nasıl?

Kadın ben böyle konu değiştirince kaçık olduğumu düşündü. Bir anda sessizleşti. Ne diyeceğini ne düşüneceğini bilemedi.

- Şeyyy! Genel anlamda iyiyiz. Niye sordunuz ki?

- Çocuğunuzun ritmini bozan aile içi bir durum var mı diye merak ettim. Eğer sorunlu bir aile ilişkiniz varsa çocuk sürekli kaygılı olduğu için dikkatini toparlayamayabilir. O yüzden sordum. Peki, ders çalıştırmaya başladığın ilk günler çocuğuna çok bağırıp kızdın mı?

Yine bir sessizlik...

- Hocam, inanın çok sabrettim. İlk başlarda güzellikle anlattım ama iki sesi bile birleştiremiyor. Bendeki sabır da bir yere kadar, sonunda patlıyordum. Çok kızdığım da dövdüğüm de güzellikle anlattığım da oldu.

- Peki, sevdirerek öğretmeye çalıştığın oldu mu?

Yine sessizlik...

- Hocam, neyi nasıl sevdireyim? Anlatıyorum anlatıyorum, anlamıyor. Öğrettiğim şeyler kedi değil ki başını okşattırıp sevdireyim.

Kendimi tutamadım. Gülmeye başladım. Kedi dedi ya! Benzetme süper...

- Peki, ritmini dinledin mi?

- Hocam, dinledim tabii, dinlemez miyim? Onun ritmini dinleyeceğim diye kendi ritmimi bozdum. İki durup bir atıyorum. Bizim ailede ne ritim kaldı ne de sinir...

Sürekli gülüyorum. Dalga geçtiğimi düşünecek diye belli etmemeye çalışıyorum ama anne çok tatlı. Sinirler tavan yapmış ama espriler havada uçuşuyor. Başladım anneye anlatmaya.

- Eğer bir çocuk öğrenemiyorsa ortada mutlaka sıkıntı vardır. Sen, uzmanlara götürdüm, biyolojik bir sıkıntı ve aile hayatımızda da bir sorun yok diyorsun ama çocuğa döverek ders yaptırmaya çalışıyorsun. Başlı başına travmayı sen yaşatmışsın zaten. Çocukta "Başaramıyorum!" duygusunu iyice pekiştirmişsin. Çocuk okuyacağı varsa da okumaz. Hem okumasa ne olacak? Belki de hiç öğrenemeyecek. Hangisi daha değerli, bana söyler misin? Psikolojisi bozulmuş ama okumayı sökmüş bir çocuk mu yoksa okumayı öğrenmesi için zaman ve fırsat tanınmış, okumayı biraz geç sökmüş mutlu bir çocuk mu? Ben anlıyorum seni! Sistem zorluyor çocukları ve aileleri. Ama sen şimdi bu sisteme çocuğunu kurban vermek üzeresin. Bu çocuk bu duygu ile nasıl başa çıkar hiç düşündün mü?

Yine bir sessizlik... Ben konuşmaya devam ettim...

- Hayatı boyunca başarısızlığa mahkûm ediyorsun çocuğunu. Her gün kavga gürültü, perişan bir çocuk. Dayak yiyor, hakaret işitiyor, üzerinde psikolojik baskı kuruluyor. Eeee neymiş, okumayı öğrenemiyormuş. Böyle öğreteceksen hiç öğretme arkadaş. Sen her şeyi hemen mi öğreniyorsun ki çocuktan hemen yapmasını bekliyorsun? Gel sana şimdi ameliyat yapmayı öğreteceğim desem, birkaç denemeden sonra bassam küfrü hoşuna gider mi? Bir ameliyat yapmayı bile bilemiyorsun beceriksiz desem sana haksızlık olmaz mı? E tabi sen şimdi okumayı biliyorsun. İstiyorsun ki o da çabuk öğrensin. Sen bildiğin için sana kolay geliyor. Ama çocuk için aynı şey geçerli mi? Senin ilkokul yıllarını sorsak ailene altından kim bilir neler çıkar? Sabırlı olacaksın, başka çaren yok. Çocuğa travma yaşatmaya hakkın var mı? Nedir bu çocukların sizden çektiği! Okumayı öğreteceğiz diye çocukları helak ediyorsunuz... Ben sana şimdi hakaretle iş yaptırmaya çalışsam ne olur? Nefret edersin benden. Başlarım senin işine der, çeker gidersin. Çocuğunun gidecek yeri de yok! Allah bunun hesabını sormaz mı sana?

Derinden bir ses duyuyorum.

- Hocam, hocam...

Oooo ben içimden yine başlamışım saydırmaya. Kadın bana seslenmese kim bilir daha neler diyeceğim? Ya der miyim bir insanın suratına bunları! Yoksa söylemem mi lazımdı acaba şöyle tokat gibi? Belki kendine gelirdi. Bak! Yüksek sesle söylemedim bunları. İçimden söyledim. Kimse alınmasın. Ben saydırmaları genelde içimden yaparım. Kimse duymaz ama okur. Yine de kırmaktan korkarım. Sonuçta o anne ne yaşıyor, bilmiyorum. Neyse bu sefer dışımdan konuşmaya başladım.

- Dalmışım canım, kusura bakma. Sen bize yakın oturuyorsun. Sen çocuğunu yanıma getir bakalım. Şimdi benim çocuğu görmeden ezbere konuşmam hiç doğru olmaz. Biz çocuk ile biraz sohbet edelim.

Ertesi gün İpek ve annesi okula geldi. Allah'ım nasıl tatlı bir çocuk. İpek gibi bir teni ve saçları var. Saçları bukle bukle! Nasıl kıyılır da kızılır bu yavruya?

- Merhaba İpek, hoş geldin.

Kızlar pembeyi, moru sever. Bir de elbiseleri tabii! Pembe bir elbise, mor bir küpe taktım İpek Hanım'ın dikkatini çekebileyim diye. Nitekim de başardım. İpek beni görünce büyülenmiş gibi baktı. Ona da iki çift pembe toka hediye aldım. Nasıl mutlu nasıl mutlu!

- Annen müsaade ederse, sen de istersen seninle biraz sohbet etmek istiyorum.

- Olur teyze, dedi.

Pembe elbiseli bir kadına hangi kız çocuğu hayır diyebilir ki? Çocuklar ile ilk tanışmada sağlıklı iletişim kurmak istiyorsak onların kanalından girmek lazım. Frekansını yakalamak önemlidir. Yoksa ağzınla kuş tutsan boş! Odaya geçtik. Biraz sohbet ettik. Resim yaptık. Sonra ben ona bir oyun oynayacağımızı söyledim. Severek kabul etti. Zaten çocuğa oyun de, her türlü koşarak gelir. Elimde altı tane lobut. (Bovling oyununda top ile devirdiğimiz malzeme)

- Bovling oynayalım mı seninle? Ama bu biraz değişik bir bovling. Bu lobutların üzerinde bizim duygularımız var. Sen bu duyguları biliyor musun?

- Evet, biliyorum.

- İsimlerini söyler misin?

- Bu mutlu, bu üzgün, bu kızgın, bu korkmuş, bu şaşkın, bu da düşünüyor, yani düşünceli.

- Aferin sana. Bak şimdi. Bu lobutları aralıklı bir şekilde dizeceğiz. Ben sana hangi duygunun ismini söylersem o duyguyu vurmaya çalışacaksın. Sen bana hangi duyguyu söylersen ben de onu vurmaya çalışacağım. Ama vurduğumuz duyguyu ifade eden de bir cümle kuracağız. Bir kere deneyelim mi? Hem oyunu anlamış olursun.

- Olur, deneyelim.

Bir çocuğun duygularını anlamak istiyorsanız bunu direkt sormayın. Size cevap vermezler. Bunu dolaylı yollarla yapmanız gerekir. Çünkü çocuklar bizler gibi direkt kendini ifade edemezler. Oyun; çocukların duygularını, yaşadıkları travmaları anlamaları için çok iyi bir yöntemdir. Ben lobutları eşit aralıklarla dizdim. Topu İpek'e verdim.

- Mutlu olan lobutu vur bakalım. Üç deneme hakkın var.

İpek ikinci denemede vurdu. Üçüncü denemede vuramasaydı sıra bana geçecekti.

- Bana seni mutlu eden bir şey söyle.

- Annemin bana kek yapması.

- Tamam, şimdi sıra bende. Şimdi sen bir duygu söyleyeceksin, ben onu vurmaya çalışacağım.

- Düşünceli.

İlk atışta vurdum ve beni düşündüren bir cümle kurdum.

- Akşam yemekte ne yapacağım beni her sabah düşündürür.

Biz oyunu böyle böyle biraz oynadık. Yavaş yavaş açılmaya başladı İpek ve beklediğim cümleyi kurdu.

- Beni en çok annemin bağırması mutsuz eder.

Çocuğunuzun okulda veya başka bir yerde ne yaptığını merak ediyorsanız da bu yöntemi kullanabilirsiniz. *"Bugün okulda seni en çok ne mutlu etti, en çok ne üzdü, en çok neye kızdın?"* gibi sorularla çocuğunuzun genel ruh hâli hakkında bilgi sahibi olabilirsiniz. Çocuklar kapalı kutudur. Siz onun duygularını ifade etmesini uygun yollarla sağlayabilirsiniz. Mesela bu oyun rutin hâle gelirse zamanla çocuk duygularını çok iyi ifade etmeyi öğrenir. Farklı şekillerde geliştirebilirsiniz. Biz oyuna devam ettik. Ben ondan okumayı öğrenememek beni mutsuz eder cümlesini almaya çalışırken o şöyle bir cümle kurdu.

- OKUMAYI ÖĞRENMEKTEN KORKUYORUM!

Ne yalan söyleyeyim, şok oldum. Ben açıkçası çocukta öğrenme güçlüğü ya da ailenin baskılarından dolayı öğrenilmiş çaresizlik var diye düşünmüştüm. Aile çocuğun öğrenme ritmini yakalayamıyor, bu yüzden de zorlanıyor diye çocuğu anlamaya çalışırken sürpriz bir cümle ile karşılaştım. İşte çocukların iç dünyası çok farklıdır. Bunu anlamak için çok hassas olmak lazım. Ben bu çocuğa direkt sorsaydım *"Neden okumak istemiyorsun?"* diye bana asla bu cümleyi kurmazdı.

- Ben de küçükken okumayı öğrenmekten bazen çok korkardım. Çünkü dedem okumayı bilmezdi. Gazeteleri hep babama okuturdu. Babam da bazen çok sıkılırdı ona gazete okumaktan. Çünkü dedem saatlerce babamı yanında tutardı. Ya dedem bu sefer bana gazete okutur, ben merak ettiğim kitapları okuyamazsam diye tedirgin olurdum.

İpek beni komik buldu. Gülmeye başladı. Onun gözünde bu korkuyu normalleştirmek ve sebebini anlamak için kendimden örnek verdim. Benim hiç dedem olmadı bu arada. Sadece ona aynı pencereden bir zamanlar benim de baktığımı hissettirmeye çalıştım. Mesela örümcekten korkan bir çocuğa *"Ben de örümcekten korkardım."* gibi bir cümle kurarsanız yalnız olmadığını ve bu korkunun başkaları tarafından da yaşanabileceğini ama çözümün de olduğunu görürse rahatlar. *"Korkardım."* deyip çözüm sunmazsanız olmaz ama. Korku pekişİr. *"O da korkuyormuş, benim korkmaya devam etmem gerekir."* gibi bir algı oluşabilir.

- Peki, sen de mi dedenden dolayı okumak istemiyorsun?

- Hayır, o yüzden değil?

- Neden okumaktan korktuğunu ben çok merak ettim. Benimle paylaşmak ister misin?

Biraz kaygılıydı İpek. Konuşmak istemiyordu sanki.

- Bu özel bir sır ise ben senin sırrını saklarım. Kimseye bahsetmem, bana güvenebilirsin.

- Söz mü?

- Söz.

- Bizim sınıfta Enes diye bir çocuk var. Eğer okumayı benden önce öğrenirsen senin evine hayalet gönderir, boğazını sıkarım, dedi.

Şok oldum tabii ki! Yavrum benim nasıl korkmuş.

- Sen hayaletlere inanıyor musun?

- Evet, inanıyorum. Enes bana hepsinin resmini gösterdi. Biz bir kere onlara gitmiştik. İnternete boğaz sıkan hayalet diye sesli söyledi. (Sesli arama motorundan bahsediyor.) Sonra bana videolarını gösterdi.

Bu arada alakasız olacak ama bir şey söylemek istiyorum. Sesli arama ile çocuklar merak ettikleri her şeye bakıyorlar. O yüzden asla nasıl olsa okuma yazma bilmiyor diye düşünmeyin. Sesli arama motorları çok tehlikeli. Bir düğmeye basıyor ve merak ettiği her şeye ulaşıyor. Çocuklarınıza kontrolünüz dışında lütfen telefon, tablet vermeyiniz.

Bu durumu ailesi ile konuşmam gerekiyor ama çocuğa bu bir sır, kimseye söylemeyeceğim diye söz verdim. Çocuk duymadan söyleyebilirim ama çocuğu dâhil etmeden bu sorunu çözemeyiz. Nitekim ben İpek'i bunu ailesine söylemesi konusunda ikna ettim.

- İpekçiğim, sırrın benim için çok değerli ama biz bunu ailene söylemek zorundayız. Arkadaşın seni korkutmuş ve sen çok üzülmüşsün. Ben kimsenin sana zarar vermeyeceğinin sözünü veriyorum. Kimse de sana kızmayacak. Arkadaşın seni korkutmuş, ben seni çok iyi anlıyorum. Belki senin yerinde ben de olsam korkardım. Ama bunu ailen ile paylaşırsak arkadaşın ile konuşma fırsatımız olur. Sen de aslında korkulacak hiçbir şey olmadığını görmüş olursun.

Nitekim aile ile konuşuldu, Enes'in ailesi ile bir görüşme yapılarak çocukların arasındaki sorun halledildi. Enes, İpek'in korktuğunu anlayınca üzerine gitmeye devam etmiş. İpek de bu tehditler karşısında kendini öğrenmeye tamamen kapatmış. Enes ile konuşulduğunda çocuk İpek ile oyun oynadığını söylemiş. Neticede o da çocuk. Ama biraz başıboş bırakılmış bir çocuk. Bu olay çözülemeseydi İpek belki de okumayı öğrenemeyecekti. Üstelik öğrenemedikçe yaşadığı aile baskısı İpek'i daha dibe çekmiş olacaktı.

İpek, diyorum, ya fark edilmeseydi? İpek'in sonunu hayal bile edemiyorum. Çocuk travma üstüne travma yaşar, gittikçe içine kapanırdı.

Aile aslında biraz bakış açısını değiştirmiş olsaydı sorunu belki anlayacaktı ama herkesin siniri çok bozulmuş. Neyse ki birkaç görüşme ile İpek'in kafasındaki sorunları da çözmüş olduk. Daha önceki hikâyelerde korku ile yapılan çalışmaya örnek verdiğim için burada uzun uzun anlatmıyorum. Tabii bu kaygı hemen geçmez. Biraz çocuğa zaman tanımak gerekiyor.

Ben bu hikâyeyi sizinle neden paylaştım, biliyor musunuz? Çocukların ruh hâllerini anlayın diye. Eğer bir çocuk biyolojik bir sebep yokken (zihinsel gerilik, öğrenme güçlüğü, disleksi, dikkat dağınıklığı gibi) öğrenmede güçlük çekiyorsa altında bir de psikolojik neden var mıdır acaba diye araştırın. Çocuğun zihnini meşgul eden belki bir şeyler vardır. Bu genelde aile içinde huzursuzluk oluyor. Evde sürekli kavga ortamı hâkim ise çocuk dikkatini derslerde toplayamayabilir.

Bir de bazı çocukların öğrenme ritimleri biraz farklı olabiliyor. Farklı öğrenme ortamları sunarak öğrenmeleri kolaylaştırabilirsiniz. Çocuğunuzun ilgi alanlarını keşfedin. Çocuklar yaşayarak öğrendikleri zaman öğrendiklerini içselleştirebiliyorlar. Oyunlaştırın! Öğretmek istediğiniz her şeyi oyunlaştırın. Bakın o zaman nasıl öğreniyorlar. Unutmayın! Her çocuk öğrenir. Kimi görerek kimi duyarak kimi de dokunarak kimi bir seferde kimi de on seferde öğrenir.

Çocuklarınızı anlatılanları anlamıyor diye suçlamayın. Derslerinde başarısız diye psikolojilerini bozmayın. Avukat, mühendis, doktor, öğretmen, eczacı olmak zorunda değil her çocuk. Her çocuğun bir kapasitesi var. Bu kapasiteyi şiddet uygulayarak yükseltmeye çalışmayın. Ben birinci sınıf öğrencilerine bir de üniversiteye hazırlanan çocuklara çok üzülüyorum. Çocuklar, kapasitesinden büyük beklentileri olan ailelerine kendilerini kanıtlamaya çalışıyorlar. Dersler yüzünden aranızı bozmaya değer mi? Çocuğunuzun ruh sağlığından daha değerli ne var? Elinde diploması, kaç tane ölüm döşeğinde yatan genç gördüm, duydum.

Zuhal'im çok başarılı bir psikologdu. Kaç tane gönüle ışık saçtı. Ama otuz yaşında gencecikken hayata gözlerini kapattı. Babasının şu sözünü asla unutmayacağım: *"BEN ZUHAL'İMLE ŞU AN BİR BARDAK ÇAY İÇMEK İÇİN ONUN BÜTÜN DİPLOMALARINI YAKARDIM!"*

"Ders yaptıramıyorum. Aramız çok bozuldu. Çocuğum benden nefret ediyor." diye kaç tane mesaj aldım. Değer mi diyorum ya?

Benim ailem bana hiç ders çalış demedi. Hiç aramız ödevler yüzünden bozulmadı. Ben hatta hiç ders çalışan bir çocuk değildim. Üstelik çok da dağınıktım. Kalem kaybetmediğim gün yoktu. Silgim olmadı mesela hiç. Yazılılara son dakika bakardım ama öğretmen oldum. Hiç ailemi suçlamıyorum neden ders çalışmam için baskı kurmadılar diye. Belki ailem zorlasa bir tık daha iyisini yapacaktım ama bu sefer de aramızda sorunlar olacaktı belki. Okuyan çocuk her türlü okuyor.

Ben lise son sınıfta iken ailem beni dershaneye göndermemişti. Hem okul hem dershane zor gelir diye düşündüler. Üstelik o yıl babamın işleri çok bozulmuştu. Yani beni dershaneye gönderecek parası da yoktu. Ben o sene dershaneye gitmediğim için üniversiteye hazırlık amaçlı bir tane soru çözmedim. Hatta sınava da annemin zoru ile gittim. Sınava gireceğim okulun yerine bile son gün baktım. Nasipmiş, o sene de başladım üniversiteye. Yani kapasite varsa çocuk her türlü bir şeyler yapıyor. Ama yoksa siz dünyanın özel dersini aldırsanız da hiçbir şey olmaz. Kaç tane insan tanıyorum çok zor şartlar altında çok iyi yerlere gelmiş. Tabii çocuğunuzu başıboş bırakın demiyorum. İmkân sunmayın da demiyorum. Tabii ki her türlü destek verilecektir. Ama olmuyorsa bazı şeyler biraz kendi hâline bırakın. Sayısal ve sözel zekâsı iyi değildir ama farklı alanlarda başarılıdır. Belki geleceğin millî sporcusu olacaktır. İlgi duyduğu alanlara yönlendirin. Kendini ispatlayabilecekleri farklı imkânlar sunun. Bakın ben yazabildiğimi otuz üç yaşımda fark ettim. Belki yıllar önce ailem bunu fark etseydi yıllardır yazıyor olacaktım.

Yani diyeceğim o ki *çocuklarınızın ritmini dinleyin.* Onlar sürekli size sinyal verir. Bu sinyallere dikkat edin. İyi bir gözlemci olun. Farklılıkları hemen hissedin ve araştırın. Çocuğunuzun duygularının beyni olun. Çocuğunuzu hissedin ve lütfen çok uyanık olun. ÇOCUK ASLA İHMALE GELMEZ. Unutma, başarı ayrıntıda saklıdır…

Ailem Benim Konuşma Organım mı?

- Adın ne güzel kız?

- Feyza, teyzesi.

- Öyle mi? Çok güzel adın varmış Feyza. Kaç yaşındasın?

- Beş yaşında, teyzesi.

- Okula gidiyor musun Feyza?

- Yok, teyzesi, gitmiyor. Evde ben onun için bir şeyler yapıyorum.

- Feyza okula sen mi gitmek istemiyorsun? Okul çok eğlenceli.

- Yok, teyzesi, ben yollamıyorum.

Ayyyyy vallahi içime sıkıntı girdi. Kadın bir sus! Sorduğum bir soruya bile çocuğun cevap vermesine müsaade etmedi. Çocuk tam ağzını açacak oluyor. Anne hop zıplıyor. Çocuk annesine bakakalıyor. Baktı anne müsaade etmeyecek, çocuk sustu. Annesinin arkasına çekildi. Anneye sormak istedim *"Kaç aylıksın?"* Tamam korumacı içgüdünü anlıyorum. Ama bu nedir yahu? Utanmasa ip takacak çocuğa *"Otur-otur, kalk-kalk!"* Damadına yazık vallahi; şimdiden acıdım. Kadın hem dominant hem pimpirikli hem aceleci. Çocuğunun cevap vermesini bekleyecek ne sabrı var ne vakti. Çocuk da bir o kadar sakin. Üstelik kadın bana tehlike olarak bakıyor. Ya çocuğunu yutarsam? Tepkim neden mi? Çünkü bu bayan en yakın arkadaşımın arkadaşıydı. Arkadaşın evine uğradığımda karşılaştık. Yani sokakta, parkta filan değil. Yaklaşık bir saat oturdum orada. Çocuk bir dakika yerinden kalkmadı. Sonunda dayanamadım.

- Annesi müsaade edersen ben Feyza ile konuşmak istiyorum.

- Çok içine kapanıktır benim kızım. Asla cevap vermez.

Kadın hem avukat hem de enerji emici. Çocuğun adına cevap vermesi yetmiyormuş gibi bir de çocuğu pısırık olarak etiketledi. Dünyanın en zeki insanına kırk kere *"Aptalsın."* dersen kırk birincide aptal olduğuna o da inanır. Anne eğitimci olduğumu öğrenince bir de bana demez mi "Benim çocuğum içine çok kapanık, ne yapabiliriz?" Çözüm basit; senin ağzına bir fermuar lazım. Ucuna da kilit. Şöyle bir ay açmayalım. Çocuk o arada sen konuşamadığın için kendini ifade etmeyi öğrenir. Çocuk o kadar sindirilmiş ki cevap vermeye çekiniyor. *Ya yanlış bir şey söylersem* kaygısı oluşmuş çocukta, her hâlinden belli oluyor.

- Sen biraz müsaade edersen annesi Feyza sorularıma cevap verecektir diye düşünüyorum. Öyle değil mi Feyza?

Feyza başını *"evet"* anlamında salladı ama gözlerini annesinden ayıramıyor. Feyza'ya birkaç soru daha sordum ama kesinlikle cevap vermedi. Anne de kızı için söylediklerini kızı konuşmayarak ispatladığı için galibiyet kazanmış gibi mutlu oldu. Çünkü *"Konuşmasına müsaade edersen..."* dediğim için biraz bozuldu bana. Ahhh böyle ellerde büyüyen çocuklara o kadar üzülüyorum ki!

Ne geldi aklıma! Ben küçükken misafirliğe gitmeden önce annem bizi sıkı sıkı doyurur ve tembihlerdi: *"Sakın ha kimsenin evinde ben açım demeyin!"* Ortada kurulu bir sofra varsa asla oturamazdım. Kızmazdı ama tembihlediği için utanırdım. Gözüm hep o kurulu sofralarda kalırdı. Hiç sevmediğim yemekler bile ne tatlı gelirdi bana. Hatta bir keresinde misafirliğe gittiğimiz evde ıspanak yapmışlar. Ağzıma sürmem normalde ama o gün evin sahibi o ıspanağı bir yedi! Şapırdata şapırdata! Allah'ım gören bonfile yiyor sanır. Ağzımın suları aka aka izlemiştim. Annem nereye gitsek ev sahibi sofraya çağırdığında hemen devreye girer, *"Onun karnı tok, şimdi yedirdim."* derdi. Karnım tok, evet ama gözüm aç! Çocuğun açlığı tokluğu mu olur. Çocuk bu yahu!

İnanır mısınız bu durumdan o kadar etkilenmişim ki! Ne zaman bir yere gitsek aç kalma korkusu ile karnım tok bile olsa evden çıkmadan yemek yerim. Adıma hep cevap ve karar verildiği için çok utanırdım konuşmaya! Elimden oyuncağımı bile alsalar sesim çıkmazdı. Çünkü annem yine hemen devreye girer, *"Ne var, oynasın arkadaşın. Çok ayıp!"* der, sustururdu. *"Bana ne anne, vermek istemiyorum. Ben senin tencerelerini arkadaşlarımın annelerine dağıtıyor muyum? Sana ne benim oyuncağımdan?"* diyemiyordum.

Neyse çok uzatmadan konuyu bağlayayım. Çocuğunuza sorulan sorulara, müsaade edin, kendileri cevap versin. Kendisi ile ilgi kararları çocuğa bırakın. Karnı toktur, belki gönlü açtır. Ya da oyuncağını paylaşmak, yanağından öptürmek, o teyzenin kucağına oturmak, seçtiğiniz elbiseyi giymek istemiyordur. Çocuklarınızın özel alanlarına, sınırlarına ve kararlarına lütfen özen gösterin ve saygı duyun. Biz küçükken bir de müzik açıp milletin önünde oynatırlardı. Oynamak istemiyorum gardaşşş, diyemiyorduk ya! Bir de Sibel Can taklidi vardı, değil mi? Lütfen çocuk deyip geçmeyelim, saygı duyalım. Yoksa öz güvenini ve kendini ifade etme yeteneğini ciddi anlamda törpüleyebilirsiniz.

Din Eğitiminin Birinci Basamağı Vicdanlı Bireyler Yetiştirmektir

Annem namaz kılarken hep dikkatinin dağıldığını söyler. Ben de ona okuduğu duaların anlamını ezberlemesini söylerdim. *"Ne diye dua ettiğini bilmediğin için dikkatin dağılıyor. Biraz Türkçe anlamlarına bak. O zaman ettiğin duada ne söylediğini bilir, dikkatini toplarsın. Şimdi sana İngilizce bir dua ezberletsem, bunu günde beş vakit oku dersem ne söylediğini bilmediğin için bu dua sana çok anlamsız gelir. Kendini bu duanın içine sokamazsın. Ezbere okur durursun."* diyorum. Ben öyle söyleyince bozulur hatta bazen benim din düşmanı olduğumu düşünürdü. Çünkü ona öyle öğretilmiş.

- Sen de iyice değişik bir insan oldun. İngilizce dua niye ezberleyeyim ki ben?

- Güzel annem ben sana İngilizce dua ezberle demiyorum ki. Ha Arapça okumuşsun ha İngilizce, anlamını bilmedikten sonra hepsi manasız gelir insana. Namaz kılarken sonra düşünüp durursun *"Akşam ne yemek yapayım? Acaba ütü fişte kaldı mı? Ocağı kapattım mı?"* Çünkü ne dediğini bilmiyorsun. Dua ediyorsun ama ettiğin duadan bihabersin.

- Bir de manasız diyorsun. Ben seni boşuna göndermişim yaz tatillerinde hocaya…

- Tabii boşuna gönderdin. Yaz tatilinde iki ay camiye göndermekle din eğitimi verilmez çocuğa.

Tam terliği yiyecekken sarılıyorum ona, geçiyor hemen siniri. O kırılmasın diye bu konudaki duygularımı anlatmıyorum. Ama size *din eğitimi* ile ilgili birkaç şey söylemek istiyorum.

Sizce din eğitimi nedir? Bunu bir düşünün bakalım. Yaz tatillerinde iki ay hocaya göndermekle bizim çocuğumuza olan vazifemiz bitiyor mu? Ben çok aile gördüm, yıllarca sübyan okullarına gönderip kendilerinin bu konuda hiç örnek olmadıkları. Din bana göre vicdandır. Namaz kılmak, oruç tutmak bizi dindar biri yapmaz. Eğer bir insanda vicdan yoksa yaptığı hiçbir ibadet beni ilgilendirmez. İbadet zaten insan için değil, Allah için yapılır. Kimsenin kıldığı namazla, tuttuğu oruçla hiç ilgilenmedim. Çünkü o kısım Allah ile kul arasında.

Dini öğretmek çocukta vicdanı geliştirmekle başlar. Eğer çocuğunuza din eğitimi vermeye karar verdiyseniz önce kul hakkına girmemeyi öğretin. Adaletli davranmayı ve insana, hayvana, doğaya saygı duymayı öğretin. Haramı, helali öğretin. Kalp kırmamayı, gönül almayı öğretin.

Kul hakkı yiyen, insana sevgisi saygısı olmayan çok dindar görünümlü insan gördüm mesela. Kişinin kıldığı namaz Allah içindir. Ama inanç sadece dua ezberletmek, namaz kılmayı öğretmek, oruç tutturmaya çalışmak değildir. Siz bir toplumda namaz kılan, oruç tutan ama sürekli kul hakkı yiyen insanları mı görmek istersiniz yoksa vicdanlı, ahlaklı, kul hakkını gözeten, dinî vazifelerini yerine getiren birilerini mi?

Bakın namaz ve diğer ibadetler kişinin ahiret hayatını kurtarmak içindir. Ama kul hakkı yiyen birinin ahiret hayatı sadece namazla kurtulur mu?

Dinî ibadetler ve güzel ahlak dinin ayrılmaz iki temel kuralıdır. Birinin olmadığı yerde diğeri yavan kalır. Çocuklarınızı sübyan okullarına ve camilere gönderirken onlara din eğitimi aldırdığınıza ikna olmayın lütfen. Asıl din eğitimi evde başlar.

Çocuğuna camide hoca namaz kılmak farz der ama çocuğun ailesinin kafası iki defa seccadeye gitmemiştir. Sübyan okullarında kul hakkından bahsederler ama ailede her türlü kul hakkı yemek vardır. (Dedikodu, iftira, borç ödememek, hepsi kul hakkı değil mi?)

Bir de bize küçükken şu cümleler kurulurdu: *"Kötü insanlar, başını örtmeyenler, oruç tutup namaz kılmayanlar cehennemde yanacak!"* Ay ne travma yaşardım. Bu sözler çocuk için büyük travmalardır. Anne kapalı değilse evde kriz üstüne kriz yaşanır. *"Anne hemen kapanmalısın. Yoksa cehennemde yanacaksın."* Sonra günlerce ağlama nöbetleri, kaygı bozuklukları görülmeye başlar.

Bir gün bir öğrencim bana *"Allah seni cehennemde yakacak öğretmenim."* demişti. Neden diye sorduğumda *"Çünkü senin saçların açık ve makyaj yapıyorsun. Gözlerinden içeri yılanlar girecek."* Bunu ona söyleyen bir *anne*. Aile hesapta çok dindar, çocuğu beş yaşında, okula kapalı getirip götürüyor ve sürekli çocuğa cehennemden, ateşten, yanacaklarından, Allah'ın gazabından, mezardaki yılanlardan ve böceklerden bahsediyorlardı. Çocuk da her gün bunları gelip bana anlatıp, hesapta bana doğruyu göstermeye çalışıyordu. Beni çok sevdiği için bunlar başıma gelecek diye kaygılanıyordu.

Böyle din eğitimi olur mu? Hangi vicdana sığar? Bu çocuk ileride dindar olur mu bilemem ama birçok psikolojik rahatsızlığı olacağı kesin. Durmadan tırnak yiyip saç koparıyordu. Anne ve baba laftan kesinlikle anlamıyordu. Hatta bir gün baba bana çok sinirlenmişti. *"Öğretmeyelim de sizin gibi mi olsun?"* demişti. Ben o babaya kızamadım bile. Kim bilir kendi ne şartlar altında büyüdü de çocuğuna bunu yapıyor? Hem sinirlerime hâkim olmam gerekiyordu. Duygusal davranarak aile ile olan bağımı iyice kopartabilirdim. Sakinliğimi koruyarak bir yıl boyunca anlatmaya çalıştım ama anca bir arpa boyu yol alabildim.

Cennet, cehennem, melek, şeytan, bunlar çocuklar için çok soyut kavramlar. Bunları anlatırken çok hassas terazi kurmak lazım. Kerem bir gün bana meleği ve şeytanı sordu. Ondan üç beş yaş büyük bir ablası şeytanın cennetten kovulduğunu, ateşten olduğunu, bize kötü şeyler yaptırdığını anlatmış. Meleklerin şeytanla savaştığını, bizi koruduğunu söylemiş. ÇOCUĞUNUZA BU TARZ ŞEYLER ANLATARAK SADECE KENDİ ÇOCUĞUNUZA ZARAR VERMİYORSUNUZ, O ÇOCUKLAR KENDİ BİLDİKLERİNİ BAŞKA ÇOCUKLARA DA ANLATIP ONLARIN TERTEMİZ ZİHİNLERİNİ DE BULANDIRIYORLAR. Kerem'e olduğu gibi... Kerem beni soru yağmuruna tuttu.

- Şeytan ile melek hep benim yanımdaymış anne. Şeytan bana zarar veriyormuş. Melek de onu dövüyormuş. Ben şeytanı da meleği de istemiyorum. Ya bana zarar verirlerse?

- Keremcim, şeytan bizim aklımıza gelen kötü düşüncelerdir. Birinin eşyasına zarar vermek, yalan söylemek gibi... Melek de aklımıza gelen güzel düşüncelerdir. Birine iyilik yapmak, arkadaşına hediye almak gibi... Yani Keremcim, aklımıza gelen kötü düşünceler şeytan, iyi düşünceler ise melektir. Yani anlayacağın melek ve şeytan bir düşünce olduğu için bize zarar vermez. Ama aklımızdan geçen kötü düşünceleri başkalarına yaparsak o kişi zarar görür. İyi düşünceleri yaparsak da çevremizdeki insanlar mutlu olur. (Melek ve şeytan soyut bir kavram olduğu için somutlaştırarak bu şekilde anlattım. Tabii ki melek ve şeytan düşünce değildir. Ama çocuğumda kaygı yarattığı için onu bu şekilde rahatlatabildim.)

- Ama nasıl kavga ediyorlar anne?

- Bak şimdi! Aklına kötü bir düşünce geldi, arkadaşına vurmak gibi. Ama içindeki iyilik de sana diyor ki *"Arkadaşa vurulmaz. Sorunlarımızı konuşarak halletmeliyiz."* Bak bu düşünceler sıra ile aklına gelip karar vermene engel oluyorsa işte şeytan ile melek kavga ediyor demektir. Ama biz her zaman melek düşüncelerimizi dinlemeliyiz.

- Peki, şeytan sadece bir düşünce ise Allah onu nasıl kovdu?

- Sen iyi olan düşünceni yani melek düşünceni yaparsan şeytan düşünceni kafandan kovmuş olursun. Anladın mı?

- Heee, tamam anne. Ben şimdi bu öğrendiklerimi Ayfer ablama anlatayım.

- Sen dur, ben annesine anlatırım, annesi de ona anlatır.

Ayfer'e istediği kadar doğru olanı anlat, annesine anlatamadıktan sonra hiçbir fayda etmez. İşte anne eğitiminin çocuk üzerindeki rolü çok önemlidir.

Somut olarak anlatmayı başarabildiğim için Kerem ikna oldu. Ama her anne bu bilgiye sahip değil ki. Haklı olarak ne diyeceğini şaşırıyorlar.

Din eğitimi korku eğitimi değildir. Sevdirerek, güzellikler anlatılarak verilecek bir eğitimdir. *"Sabah namazına babam beni döverek kaldırırdı."* diyen bir arkadaşım ateist. Çünkü nefret ettirilmiş. Hesapta baba çok dindar olduğu için döverek din eğitimi vermeye çalışmış. Dua ezberleyemezse, namaz kılmazsa dayak yemiş, hep cehennemi ve Allah'ın gazabını dinlemiş. Ama dindarlık bu değildir diye düşünüyorum. Döverek, söverek din eğitimi olur mu?

Din eğitiminde sürekli hatalı cümleler kuruyoruz.

- Allah seni yakar.

- Eğer kapanmazsan cehennemde odun olacaksın.

- Namaz kılmayanları Allah cehenneme atar.

- Mezarda yılanlar ve böcekler var. Eğer günah işlersek ölünce bu yılanlar bizi mezarda yiyecek.

- Şeytan bizi günaha sokar.

Cümlelerin hepsi travmatik ve çocuğu dinden soğutacak nitelikte, değil mi? Ben bu cümleleri dört beş yaşındaki çocuklardan çok duydum. Hâlâ da duyuyorum. Biz çocukluğumuzda bu cümleler ile din eğitimi aldık. Sonra dininin güzelliklerini anlayamayan bir nesil büyüdü. Ama aileye göre din eğitimi verildi. Hem de yaz tatillerinde iki ay hocaya göndererek en iyi şekilde!

Ben korkutularak din eğitimi aldığım için Allah'ın varlığı beni hep rahatsız etti ve tek amacım Allah'ı yok etmekti. Sonra büyüdükçe ve kendim okuyup araştırdıkça dinimi öğrendim. Ama çocukluğumda yaşadığım travmalar sırtımda yük olarak kaldı. Anneme göre bana en iyi şekilde din eğitimi verdi. Çünkü o beni üç sene yaz tatillerinde camiye gönderdi.

Ben çocuklarımı asla korkutmadım. Cehennem ateşini anlatıp kafasını hiç karıştırmadım. Ama ben bu hassasiyet ile çocuğuma yaklaşırken birilerinin çocuklarına vermiş olduğu yanlış din eğitiminden dolayı kendi çocuklarımın kaygıları ile mücadele etmek zorunda kaldım.

Dinimizin temel ilkelerini toplum olarak çocuklarımıza anlatabilmeyi başarabilirsek dünyaya iyi insanlar bırakmayı başarırız demektir. O zaman bütün kötülükler dünyadan silinir. Müslümanlık; sevgi, saygı, hoşgörü, sahip çıkma, koruma, kollama, kul hakkı yememe dinidir. Kur'an-ı Kerim'i Allah insanlara cuma geceleri ölülerin ruhuna okuyun diye göndermemiştir. Müslümanlara rehber olsun diye göndermiştir.

Kur'an-ı Kerim'i defalarca Arapça olarak okuyun, orada yazılanı anlamadıktan sonra sizce ne kadar bize faydalı olur. Sen kendi dilinde anlamıyorsan bunu çocuğuna anlatamazsın. İstediğin kadar çocuğuna Arapça öğret. Çocuğun okuduğunu anlamadığı müddetçe onun için de faydalı olmaz. Yanlış anlaşılmasın, ben çocuklarınıza Arapça Kur'an okumayı öğretmeyin demiyorum. Ama Türkçesine de mutlaka baksın diyorum. Ben ergenlik döneminde Türkçe mealine çok bakardım. Annem de bana *"Türkçe okuyunca sevap alamıyorsun."* diye tepkisini gösterirdi.

Sizce Allah sadece namaz kıldık, oruç tuttuk, cuma geceleri Kur'an-ı Kerim okuduk diye bizi cenneti ile ödüllendirir mi? Nerede manevi değerler? Çocuklarımıza önce insan olmayı sonra dindar olmayı öğretelim. Saçma sapan cümlelerle zihinlerini bulandırmayalım. Onların gelişim özelliklerini okuyalım, araştıralım. Artık bilgiye ulaşmak çok kolay.

Kerem altı yaşında ve çok sorgulayan bir çocuk. Allah'ın onu yarattığını biliyor. Ölümü de biliyor. Güzel işler yapınca Allah'ın gönlünü kazanacağını da biliyor. Bize her şeyi Allah'ın verdiğini de biliyor. Kerem Allah'ını çok seviyor. Şimdi dinini öğrenmek adına yaptığı en güzel şey iyi biri olmaya çalışarak Allah'ın rızasını kazanmak.

Beni namaz kılarken gördüğünde "*Neden namaz kılıyorsun?*" diye soruyor. "*Allah'a teşekkür ediyorum. Sen, nasıl biri sana bir şey verince teşekkür ediyorsan ben de Allah'a bana annemi, babamı, sizleri, yiyeceğimi, giyeceğimi verdiği için ona teşekkür ediyorum. Namaz kılarken de aynı zamanda dua ediyorum. Hep birlikte olmak için, sağlığımızı koruması için, sevdiklerimiz mutlu olsun diye dua ediyorum. Yani hem teşekkür ediyorum hem de Allah'tan bir şeyler istiyorum.*" diyorum. Kerem'in o kadar hoşuna gidiyor ki gelip hemen yanıma duruyor.

Arapça eğitim de aldı. Ama bir öğretmen nezaretinde. Sırf öğrensin diye öğrenmedi yani. Çünkü Kur'an-ı Kerim'i Arapça okumak ayrı bir maneviyat. Fakat okumayı öğrensin, mutlaka vakti geldiğinde Türkçe meallerini de okutturacağım. Kerem peygamberlerini çok seviyor ve ben onların hayatından örnekler veriyorum. Mesela "*Peygamber Efendimiz (s.a.v.) sol ayağı ile tuvalete girermiş.*" dediğimde o da sol ayağı ile girip Peygamberimizin davranışlarını uyguluyor. Ama saydıklarımdan daha fazlasını yapmıyorum. Çünkü biliyorum ki yaşı gereği şimdilik bunlar yeterli!

Bunların hepsi benim çocuğum için belirlediğim ve sevdirerek verdiğim din eğitimidir. Korkutmak asla yoktur bizde. Allah bunun hesabını bana sorar diye korkarım çünkü. Allah'ın bu kadar güzel sıfatları varken canavar gibi anlatmak niye?

Bu arada ben inancım doğrultusunda örnekler vererek anlattım. Şu an bu kitabı okuyan her kesimden farklı inanca sahip olanlar olabilir ya da hiçbir şeye inanmıyor olabilirsiniz. Herkesin inancına saygım sonsuz. Çünkü herkes kendinden sorumludur. İnancınızdan çok beni insanlığınız ilgilendirir.

Burada asıl anlatmaya çalıştığım korkutarak değil, sevdirerek, bir de çocuğunuzun gelişimsel özelliklerini bilerek din eğitiminin verilmesidir. Siz de inançlarınız doğrultusunda çocuğunuza bu çerçevede anlatabilirsiniz. Çocuklarınız soyut düşünmeye başlamadan (Takribi 11 yaş civarı çocuklar soyut düşünmeye başlar.) onların zihinlerini bulandıracak cümlelerden lütfen kaçınalım. Âlim yetiştireceğim derken zalim yetiştirebilirsiniz.

Bir ayrıntı daha vermek istiyorum. Çocuklarınızın din ile ilgili sorduğu her soruya uygun bir şekilde cevap verin. Kesinlikle "Öyle bir şey yok!" demeyin ya da yalan söylemeyin. Onun anlayabileceği bir dilde mantık çerçevesinde anlatın.

Çocuklar Tarafından Allah ile İlgili En Çok Sorulan Beş Soru

- Allah nerede?

- Allah her yerdedir. Biz onu gözümüzle göremeyiz ama onun yarattığı her şeyi dünya hayatında gözlerimiz ile görebiliriz.

- Allah kadın mı erkek mi?

- Allah'ın insanlar gibi bir cinsiyeti yoktur. Doğada gördüğün her canlının bir cinsiyeti yok. Mesela ağaçların olduğu gibi.

- Allah kaç yaşında?

- Allah'ın yaşı da yoktur. Sadece hayvanların ve insanların yaşı vardır. Mesela bir taşa bu taş beş yaşında diyebiliyor muyuz? Ama taşın yaşının olmayışı onun olmadığı anlamına gelmiyor, değil mi?

- Allah'ı kim doğurdu?

- Allah'ı kimse doğurmadı. Onun bir anne ve babası yok. Sadece hayvanların ve insanların anne ve babası vardır. Mesela evimizi aydınlatan ışığın anne ve babası yoktur.

- Allah'ı neden göremiyoruz?

- Allah'ı göremeyiz ama onun yarattığı her şeyi görebiliriz. Mesela bir köprü kendi kendine olabilir mi? Biz o köprüyü yapanları hiç görmesek bile birileri tarafından yapıldığını biliriz.

Senin Toz Bezi Yaptığını Kimse Vitrinine Örtü Yapmaz!

Bir gün Eskişehir'de dolaşırken bir ayakkabı mağazasına girdim. Kendime yazlık bir ayakkabı almak istiyordum. İçeri girdim, yazlık ayakkabılara bakınmaya başladım. Bir tane sandalet dikkatimi çekti. Elime alıp inceledim, ayağıma da giydim. Gayet rahat bir ayakkabı. Sonra etiket fiyatına baktım. Çok uygun bir fiyatı vardı. Dönüp arkadaşa dedim ki *"Bunun fiyatı çok uygun, belli ki deri değil."* deyip ayakkabıyı geri yerine bıraktım. Deri ayakkabının fiyatını az çok tahmin edebiliyordum. Neyse fiyatı daha pahalı olduğu için deri olduğuna ikna olduğum bir ayakkabı ile kasaya gittim. Kasadaki arkadaşa ayakkabıyı verdim. Barkodu okuttu, *"Bunun fiyatı yanlış basılmış."* dedi. Deri olmadığını düşündüğüm ayakkabı ile rafı karışmış. Aslında elimdeki deri ayakkabı değilmiş. Beni aldatan fiyatı olmuş. Deri olmayan bir ayakkabıyı sırf fiyatından dolayı deri sandım. Deri olduğunu düşünmediğim ayakkabı ise deriymiş. Usta olan bir elde anlaşılırdı ama ben anlayamadım.

Şimdi diyorsunuz ki "Dilekçiğimiz bunu bize niye anlattı?" ETİKETlemelerin ne kadar önemli olduğunu göstermek için bir örnek vermek istedim. Bin liralık bir elbiseye on lira etiket basarsan kimseyi bu elbisenin çok kaliteli olduğuna ikna edemezsin. Fiyatından dolayı kimse değer vermez. Sadece ucuz olduğu için alır. Başına bir iş gelse de *"Nasıl olsa on liraya almıştım."* der. Anında yer bezi yapar. Ama bu elbiseyi bin liraya almış olsaydı bu kadar çabuk yer bezi yapabilir miydi? Elbisesine gözü gibi bakmaz mıydı? Bir yerine zarar gelecek diye korumaz mıydı?

İşte çocuklarımız da böyledir. Siz nasıl etiketlerseniz diğer insanlar da öyle muamele eder. Nasıl etiketlediğimiz bu yüzden çok önemlidir. Siz çocuğunuza değer verir, güzel sözler söyleyerek onun onurunu okşarsanız kendisine paçavra muamelesi yapmaz. Kimse de ona paçavra gibi davranamaz. Ben çocukken mahallemizde bir çocuk vardı. Adı Sinan. Ailesi hiç ilgilenmez, değer vermezdi. Çocuğun doğru düzgün ne saçını kestirirlerdi ne çocuğa banyo yaptırırlardı ne temiz kıyafet giydirirlerdi. Annesi hep rezil ederdi bizim yanımızda. Çocuğa sürekli lakaplar takardı. Sümüklü Sinan, Titrek Sinan, Uluk Sinan... Sinan'a sinirlenince yanımızda söverdi, çocuğu döverdi. Çok üzülürdüm Sinan'ın bu hâline. Sinan çok haylaz bir çocuktu. Bütün mahalle tanırdı onu. Kime zarar verse annesi veya babası gelir Sinan'a bağırır, çağırırdı. Hatta vurduklarına bile şahit olurdum. Çünkü Sinan'a ailesi bile değer vermiyordu. O yüzden herkes çok acımasız davranabiliyordu. Çünkü Sinan'ın etiketi şuydu: *"AİLESİ İÇİN DEĞERSİZ!"*

Bir de Can vardı. Annesi Can ile ilgili her şeye çok dikkat ederdi. Can her zaman temiz bir çocuktu. Tırnakları hiç uzun ve kirli olmazdı. Kıyafetleri hep temizdi. Annesi hep onu yanımızda *"Yakışıklı oğlum, tatlı oğlum."* diye severdi. Can yaramazlık bile yapsa annesi Can'ı yanımızdan uzaklaştırır, çocuğuyla öyle konuşurdu. Asla kimsenin yanında küçük duruma düşürmezdi. Can genel olarak nazik bir çocuktu ama yaramazlık bile yapsa herkes Can'ı kibar bir şekilde uyarırdı. Can ile ilgili durumlar ailesi ile konuşulurdu. Can arkadaşları arasında popüler bir çocuktu. Çünkü Can'ın etiketi şuydu: *"AİLESİ İÇİN DEĞERLİ!"*

Senin toz bezi yaptığını kimse vitrinine örtü yapmaz. Önce sen değer vereceksin ki başkaları da değer versin. Sen çocuğuna nasıl davranıyorsan herkes öyle davranır. Nasıl etiketliyorsan insanlar o etiket üzerinden muamele eder. Elindeki taş istediğin kadar elmas olsun eğer onu kömüre buladıysan üzerindeki karalıktan dolayı kimse onun ne kadar değerli bir taş olduğunu göremez.

Hem sizin aşağılayarak etiketlediğiniz çocuklarınız var ya inanılmaz mutsuz oluyorlar, biliyor musunuz? Kendi kimliklerine değer veremiyorlar. Kendilerini oldukları gibi kabul edemiyorlar ya da kendilerindeki cevherleri göremiyorlar.

Her çocuk çok değerlidir, daha doğrusu her birey değerlidir. Hiç düşünmeden çocuklarımızı etiketliyoruz. Aptal! Beceriksiz! Geri zekâlı! Pis! Tembel! Ukala! Yaramaz! İştahsız!

Yemek seçer! Uyku uyumaz! Yerinde durmaz! Laf dinlemez! Ders çalışmaz!..

Bir arkadaşına elbise ödünç verirken ona *"Aman dikkat et, benim için çok değerli. Uzun zamandır saklıyorum. Sakın zarar gelmesin."* derseniz arkadaşınız elbiseye gözü gibi bakar. Zarar gelmesin diye çok dikkatli davranır. Ama siz şöyle deseydiniz: *"Ya bu elbiseyi geri getirmesen de olur. Sıkıldım artık. Kaç senedir giyiyorum."* Sizce gözü gibi bakar mı? Birinci örnekte elbisenizi "Eski ama değerli" olarak, ikinci örnekte *"Eski ama değersiz"* olarak etiketlediniz. Sizin etiketinize göre elbise muamele gördü. Eğer o elbise dile gelseydi hangisi daha öz güvenli ve mutlu olurdu?

Sizin etiketlerinize çocuklarınız çok değer veriyor. Siz onlar hakkında ne söylüyorsanız onlar o olduklarına inanıyor. Yanında sürekli olarak *"Aptal bu çocuk, bir şey anlamıyor."* derseniz aptal olduğuna ve gerçekten bir şey öğrenemediğine inanır. Dünyanın en güzel kadınına on kişi *"Sen çirkinsin."* dese o kadın çirkin olduğuna ikna olur. Ama dünyanın en çirkin insanına on kişi *"Sen güzelsin."* dese o da çok güzel olduğuna inanır.

Etiketlemeler sadece kişilere değersizlik hissi vermez. Bunun dışında problemli davranışları çözmenize de engel olur. Nasıl mı?

Çoğu anne okul başında *"Benim çocuğum peynir yemez."* diyerek çocuğunu okula getirir. Üstelik bunu çocuğun yanında sürekli söyler. Çocuğun da bu etiketi duya duya peyniri deneme arzusu kaybolur. Ondan sonra hep şikâyet edersiniz. *"Ne yaparsak yapalım, yemiyor."* Sen zaten sürekli onu herkesin yanında peynir yemez diye etiketliyorsun. Çocuğunun bununla ilgili bütün algılarını *"peynir yemez"* diye kapatıyorsun.

Sadece bu değil, birçok konuda bunu yapıyoruz. *"Yemeğini tek başına yiyemez."*, *"Tek başına uyuyamaz."*, *"Karanlıktan korkar."*, *"Altına hep kaçırır."* Siz bir kere kendiniz çocuğunuzun beynine mesajı sürekli olumsuz olarak gönderiyorsunuz. Düzelmesini nasıl bekliyorsunuz?

Bu konuda çocuğun yanında hiç konuşmamanız gerekiyor. Yapmadıkları ya da yapmak istemedikleri hakkında onun yanında kimse ile konuşmayın. Peynir yemiyorsa bir çocuk yine de her gün sofraya koyun. Ama ye diye baskı oluşturmayın. Nasıl olsa yemez diye masadan tamamen kaldırmayın. Birine bundan bahsedecekseniz o yokken bahsedin. Bu sadece peynir için geçerli değil tabii ki. Her konu da bu şekilde davranmak lazım. Baskı kurmadan yapmasını istediğiniz şeyi göz önünde tutun, denemesine fırsat verin ve asla yapamaz diye etiketlemeyin.

Bir kere pilav yaparsınız, olmaz. İkincide de olmaz. Yanınızdakiler pilav yapamadığını, bunu bir daha denememen gerektiğini söylerse ve sürekli sizden pilav yapamıyor diye bahsederlerse siz de pilav yapabilmenize olan inancınızı kaybedersiniz. Ama şu olsaydı: *"Evet, pilav yapabiliyorsun. Birkaç denemeden sonra çok daha iyisi olabilir."* Sizce pilav yapmaya olan inancınızı yitirir miydiniz?

Etiketlemeler çok önemli. Yoksa elinizdeki elması kömür diye sobaya atarlar.

Çocuk O, Anlamaz

Çocuk o anlamaz diyorsun ya!

En çok da bu cümleni anlamıyorum işte.

Duygularım yok mu sanıyorsun acaba!

Her şeyi anlıyorum ama anlayamadığım şeyler de oluyor.

Mesela

Neden bu kadar sabırsız ve tahammülsüz olduğunu,

Bazen beş dakika bile neden sabredemediğini,

Telefonda saatlerce konuşup benimle neden konuşmak istemediğini,

Ben konuşmaya başlayınca *"Off! Ne kadar çok konuştun!"* demeni,

Arkadaşına karşı hatalı davrandığında özür dileyip

Beni kırdığında benden neden özür dilemediğini,

Misafirlerini her seferinde kapıda karşılayıp

Beni neden otomatiğe basıp, içeriye geçip beklediğini,

Arkadaşlarına veya sosyal hesaplarına saatlerce vakit ayırıp
Bana neden beş dakika ayırmadığını,
Sorduğum sorular karşısında beni geçiştirme çabanı,
Susayım artık diye gözlerimin içine bakmanı,
Başkalarına kızıp da neden bana bağırdığını,
Sesinin nasıl bu kadar gür olduğunu,
Her şeyi neden çok hızlı öğrenmem gerektiğini,
Ayakkabılarımı ve montumu giyemediğim zaman
Beni hemen neden beceriksiz ilan ettiğini,
Her şeyin neden senin istediğin gibi olması gerektiğini,
Kuralları sadece neden sizin koyduğunuzu,
Gelişmekte ve öğrenmekte olduğum için
Meraklı olduğumu neden fark edemediğini,
Merakımı neden sürekli törpülemeye çalıştığını,
Yanımda sürekli neden özel hayatından bahsettiğini,
Kavgalarınızda duygusal olarak nasıl çöküntüye uğradığımı,
Kendini nasıl çaresiz ve mutsuz hissettiğimi anlayamamanı
ANLAMIYORUM...
AMA BUNUN DIŞINDA KALAN HER ŞEYİ ÇOK İYİ ANLIYORUM.
ÇOCUĞUN...

Tablet, Telefon Bağımlısı Çocuğuma Nasıl Sınır Koyabilirim?

Esra dünyaya otuz iki haftalık geldi. Prematüre bir bebekti. Ailesi ilk günden itibaren Esra'ya karşı çok hassas davrandı. Esra ne istiyorsa yaptılar. Özellikle televizyon, tablet, telefon konusunda kesinlikle sınır koymadılar. Esra büyüdükçe ailesi bunun artık bir sorun hâline dönüştüğünü fark etti. Çünkü Esra tek başına oyun kuramıyor, arkadaşları ile oynamıyor, televizyon kapanırsa veya elinden telefon alınırsa saatlerce ağlıyordu.

Esra'nın telefona bu kadar ilgi göstermesi aslında ailesinden kaynaklanıyordu. Çünkü emzik gibi sürekli Esra'nın eline telefon tutuşturuyorlardı. Esra ağlasa, yemek yemese, eve bir misafir gelse, annenin işi varsa, baba haber izleyecekse hemen çocuğun eline telefon verdiler. Esra da belli bir süre sonra telefonsuz yemek yiyemez, oyun kuramaz, misafirlikte oturamaz hâle geldi. Üstelik sürekli çizgi film izlediği için de konuşmasında da gecikme oldu.

Aile bir gün karar verdi. Artık Esra'ya telefon vermeyeceklerdi. Sınırlı saatlerde oynamasına müsaade edeceklerdi. Esra ile konuşmadan, bunu ona anlatmadan bir anda çizgi film izlemesi ve telefonla oynaması ile ilgili yasaklar konuldu. Tabii Esra çok büyük tepki verdi. Çok ağladı ve ailesini çok bunalttı. Aile de buna dayanamayıp telefonu çocuğa geri verdi. Çocuk gerekli mesajı aldı: *"Çok ağlarsam telefonu geri veriyorlar."*

Ertesi gün misafirliğe gittiler. Telefonu vermek istemediler. *"Hadi bakalım arkadaşların ile oyna."* deyip onu çocuk odasına gönderdiler. Ama bu sefer de aile, çocuğu tarafından sürekli rahatsız edildiği için arkadaşları ile rahat rahat sohbet edemedi. Koydukları kuralı unutup telefonu çocuğa bir daha verdiler. Çocuk biraz sessiz duracak, onlar da rahat rahat sohbet edebileceklerdi. Çocuk gerekli mesajı yine aldı: *"Sürekli rahatsız edersem telefonu geri veriyorlar."*

Gel zaman git zaman zorlu bir süreç sonunda çocuk biraz telefonsuz zaman geçirmeye alışır. O sırada aile tatile çıkar. Akraba ziyaretine memlekete giderler. Tatil süresince aile rahat olmak için telefonu sürekli çocuğa verir. Her şey sil başa döner ve çocuğu telefonsuzluğa alıştıramazlar.

Bana gelen bir mesajda süreç aynen böyle işlemiş. Aile bana mesaj atmış: *"Ne yaparsak yapalım çocuğa yine telefonu bıraktıramadık. Her yolu denedik hocam ama başarılı olama-*

dık." Aileler telefona sınır koyarken saydığım hataları hep yaparlar sonra her yolu denedik derler. Aslında denenen bir şey yoktur. Sadece adım atılmıştır sonra o adım geri çekilmiştir. "*Mehter marşı gibi iki ileri bir geri.*" diye bir söz vardır bizim oralarda; bilmem, duydunuz mu? Yoksa yine ben mi uydurdum? Uydurduğuna sonradan inanlardanım ben.

Çağın hastalığı 3T! Televizyon, tablet, telefon bağımlılığı! Çünkü çocuklar doğar doğmaz teknoloji ile tanışıyorlar. Teknoloji ile de büyüyorlar. Sonra bağımlı olmaları kaçınılmaz oluyor, değil mi? Çünkü bizler de teknoloji bağımlısıyız.

Çocuğumuzu teknolojinin zararlarından korumaya çalışıyorsak önce koruma altına kendimizi almalıyız. İşe önce kendimize sınır koyarak başlamalıyız. Saatlerce televizyon izleyerek çocuğumuzu televizyondan uzak tutamayız. Ya da elimizden hiç telefon düşmüyorsa çocuğumuza sınır koyamayız. Çocuğumuza sınır çizerken kendimiz de bu sınırlar içinde kalmalıyız. Kendimize çizmediğimiz sınırı çocuğumuza hiç çizemeyiz.

Kendinizi koruma altına almayı başardıysanız sıra çocuğunuza gelebilir. Çocuk için bir anda alınan kararlar veya hayatında yapılan ani değişiklikler çocuğu saldırgan hâle getirebilir. Bunun önüne geçmek için çocuk ile daha önceden konuşmak gerekir. Değişiklik ne ile ilgili olursa olsun çocuk daha önceden mutlaka haberdar edilmedir. Çocuğun alışkanlıklarını bir anda değiştiremezsiniz. O yüzden çocuğunuza yeni bir alışkanlık kazandırmak istiyorsanız mutlaka süreci en baştan itibaren birlikte yönetmelisiniz. Telefon ile ilgili bir sınırlama getirecekseniz bunu çocuğa daha önceden bildirerek onu sürece en başta dâhil etmek gibi. "*Telefon ile çok fazla vakit geçirmen senin sağlığını ve davranışlarını olumsuz olarak etkilediğini düşünmeye başlıyorum. Bu yüzden telefon ile geçirdiğin vakitlere bir sınırlama getireceğim. Artık belli saatler aralığında telefon alabileceksin. Bu saat dilimini sabaha mı ayarlayalım, akşama mı? Sen nasıl istersin?*" gibi...

Diyelim ki sınırlama getirdiniz ve çocuğunuzun telefon ile oynadığı vakitleri azalttınız. İşte çocuğunuzun telefon ile oynayarak zaman geçirdiği o vakitleri başka bir uğraşı ile doldurmanız gerekiyor. Sigarayı bırakırken sigara içme isteği uyanınca çekirdek çitlemek gibi... Yoksa çocuğunuz, sıkıldığı için durmadan size salça olacaktır.

Diyelim ki telefonu en çok akşam saatlerinde eline alıyor ve siz bu saatlere sınırlama getirmeye karar verdiniz. O zaman bu saatlere birlikte okuma saati, oyun saati, bulmaca veya sudoku çözme saati olarak yeni etkinlikler koyabilirsiniz. İlk başta ona bu saatlerde mutlaka eşlik edin. Sonra kademeli olarak yanından yavaş yavaş ayrılın. Eğer çocuğunuz küçük ise oyun hamuru saati, boyama saati, kitap saati yapabilirsiniz.

Hangi saatler içinde telefon ile oynayacaksa ya da çizgi film izleyecekse buna birlikte karar verin. Mesela akşam dokuz ile on arası çocuğun isteği dâhilinde belirlenen bir saat olursa çocuk bunu bir yasak gibi algılayıp öfke geliştirmez. Sonuçta onun kararları dikkate alındı. Çocuk aynı zamanda hem saatini bekleyerek sabretmeyi öğrenir hem de içinde kalacağı sınırları bilir.

Ama illaki direnç göstereceği zamanlar olacaktır ya da sizin çaresiz kaldığınız zamanlar. İşte bu nokta, olayın kırılma noktasıdır. Bu aşamada istikrar çok önemlidir. Çocuk sizi çok bunalttı diye, eve misafir geldi sizi yalnız bıraksın diye, "Canı sıkıldı, kıyamadım. Hadi bugünlük oynasın." diye kural ihlali yaparsanız çocuk asla hangi sınırlar içinde kalacağını bilemez. Kafası karışır. Sizi sürekli bunaltmaya ve caydırmaya çalışmaya devam eder. Sonra siz de ne yaparsam yapayım engel olamıyorum diye sitem edersiniz. Siz istikrar göstermediniz ki çocuk yeni düzene alışsın.

Yeni bir davranışı çocuğa kazandırmaya çalışırken veya çocuğu yeni bir düzene alıştırmaya çalışırken çok istikrarlı ve kararlı davranmalısınız. Yoksa ne yaparsanız yapın elde var "*Sıfır*" olur.

Kaynana Hikâyesinden Esinlenerek Yazılmıştır...

Yaramazlıkları ile yaşadığı mahalleye ün salmış bir çocuk varmış. Her gün komşular kapıya gelir, çocuğu şikâyet edermiş. Bir gün birinin camını kırar, başka gün ağacını taşlar, diğer gün komşu çocuklarını dövermiş. Kadın o kadar bıkmış ki çocuğunu dövmüş, çocuğuna sövmüş, ceza vermiş, çocuğun ayağından koltuklara bağlamış ama yine de çözüm bulamamış. Anne dövmekten bıkmış, çocuk dayak yemekten bıkmamış. Gel zaman git zaman anne artık sinirden hasta olmuş. Doktor doktor gezip derdine derman aramış. Kimse bir şey bulamamış. Sonra doktorlar bunun psikolojik olduğunu söyleyerek kadını eve göndermiş.

Kadın kendini hasta edenin çocuk olduğunu biliyormuş. Ona duyduğu öfke ve kızgınlık daha da artmış. Çocuğundan kurtulmaya karar vermiş. Mahallede çok iyi bilinen bir âlime gitmiş. Durumu anlatmış. *"Artık sağlığımdan oldum, ne yaparsam yapayım çocuğumu düzeltemiyorum. Bıktım her gün şikâyet duymaktan! Konu komşu kapımın önünden ayrılmaz oldu. İnsanların yüzüne bakamaz duruma geldim. Yeter, bıktım artık. Sokağa atsam atamıyorum, yurda versem veremiyorum. İnsanların dedikodusundan çekiniyorum. Herkes arkamdan konuşur diye utanıyorum. Ama bıktım artık, ben bu çocuğu evladım gibi göremiyorum. Bir an önce kurtulmak istiyorum. Ama bunu kimsenin anlamaması lazım. Nasıl yapacağımı bilmiyorum. Sen âlimsin, vardır sende bunun bir çözümü."*

Âlim biraz düşünmüş. Sonra başka bir odaya geçmiş. Elinde bir şişe ile on dakika sonra geri dönmüş.

"Al, bu bir zehir. Her gün çocuğunun yemeklerine iki damla katacaksın. Çocuğun yirmi gün sonra ölecektir. Ama sen bu zehri çocuğuna verirken kimsenin anlamaması için ona çok iyi davran. Bu kırk gün boyunca onu koynunda yatır. Yatmadan önce güzelce yıka. Mutlaka bir masal oku. Sonra okuduğun masallar hakkında konuş. Belli ki enerjisi yüksek bir çocuk. Sen onu her gün on tur koştur. Sabah kahvaltısını birlikte yapın. Sonra ütülü, temiz kıyafetler giydir. Okula sen götür. Kapıda onu çok sevdiğini söyle, bunu söylerken de arkadaşlarının duymasını sağla ki senden sonra kimse şüphelenmesin. Okul çıkışlarında sen almaya git. Biri şikâyet edecek olursa önce çocuğunu dinle. Sonra konuş onunla. Empati kurmasını sağla. Kapıda oynarken geç bir kenara otur ve asla bu yirmi gün boyunca onu

dövme, bağırma, sesini asla yükseltme. Herkes senin ona iyi davrandığını görünce kimse ölümünden seni sorumlu tutmaz."

Kadın, âlimin verdiği ilacı alır. Okuldan çıkma saati yaklaştığı için okula doğru gider. Çocuğundan kurtulacağı için çok mutludur. Artık kimseden şikâyet duymayacak, eşyalarına zarar veren, söz dinlemeyen çocuğundan kurtulacaktır.

Okul çıkışında çocuğu görür görmez yanına gider. Ona sarılır, arkadaşlarının duyacağı şekilde onu çok sevdiğini söyler. Sınıfta birkaç arkadaşı şikâyet edecek olunca söz hakkını kendi çocuğuna da verir. Kendi çocuğunu ve diğerlerini dinler. Çocuğu ile sakin sakin konuşur. Elinden tutar, eve getirir. Güzelce yemeğini yedirir, zehri katmayı da ihlal etmez. Onunla biraz oyun oynar. Kapının önüne çıkartır, o oynarken kenarda onu izler. Bir yere zarar verecek olduğunu hissederse hemen müdahale eder ve güzellikle uyarır çocuğunu. Eve getirir, yıkar, temiz pijamalarını giydirir, sonra da uyutur. Yatırmadan önce onu biraz gıdıklar, masal anlatır. Sonra onun yanına uzanıp, sarılarak birlikte uyurlar. Günler bu şekilde devam ederken anne on sekizinci gün ağlayarak âlimin evine gider.

"Ben ne yaptım?" diye hıçkırıklarla ağlar. *"Ben çocuğum ölsün istemiyorum. Çocuğumu çok seviyorum. Bütün sorunlarımız bitti. Çocuğum artık beni üzmüyor, komşular şikâyete gelmiyor, evimdeki eşyaya bilerek zarar vermiyor, öğretmeni al bunu okuldan demiyor, arkadaşlarını dövmüyor. Lütfen bana yardım et. Çok pişmanım, zehrin panzehri yok mu? Çocuğuma*

bir şey olursa ben de ölürüm. Aslında çocuğum ne kadar sakin, uysal ve başarılı bir çocukmuş. Ben onu hiç anlayamamışım. Lütfen derdime bir çare bul."

Âlim demiş ki "*Korkma! Çocuğuna hiçbir şey olmayacak. Ben sana zehir vermedim. Basit bir vitamindi. Zehir senin beyninde ve gözlerindeydi. Düşüncelerini ve gözlerini felç etmişti. Senin felçli düşüncelerin her gün çocuğunu da zehirledi ve ikinizin de aynı anda iyileşmesi gerekmekteydi.*

Sabır, bir annenin evladına verebileceği en etkili ilaçtır. Sabretmeyi bilen annenin çocuğu hemen iyileşir. Sorunu ne olursa olsun hemen düzelmeye başlar. Sen çocuğunu öldürmeyi düşünürken ve bunun için uğraşırken aslında sabır göstermeyi öğrendin.

Sana onunla yat dedim, aranızdaki bağ ve güven yeniden oluşsun diye. Çünkü artık evladın seninle bütün bağlarını koparmıştı. Bunun yeniden kurulması için gece onunla yatman çok etkili olacaktı. Çünkü senin kokuna ihtiyacı vardı. Her gece yıka dedim, sürekli dışarılarda olduğu için çok yorulmuş ve kirlenmiş olacaktı. Hem yorgunluğu gitsin hem yatağına temiz girsin hem de temiz koksun ve kimse ondan rahatsız olmasın diye. Ütülü temiz kıyafetler giydir dedim, herkes ona saygı duysun ve görüntüsünden rahatsız olmasın diye.

Anladım ki sen çocuğunu çok ihmal etmişsin. Bakımı ile ilgilenmemişsin. O pis ve düzensiz göründükçe arkadaşları ve çevrenizdeki insanlar ona saygı duymayı bırakmış. Annesinin değer vermeyip pis bıraktığına maalesef kimse saygı duyamıyor.

Sen onun bakımı ile ilgilendikçe insanlar ve arkadaşları ona saygı duydu. Aralarına almaya başladılar. O bu saygıyı gördükçe ruhunu iyileştirdi.

Ona onu sevdiğini söylerken herkes duysun dedim, çünkü her çocuğun bunu arkadaşlarının yanında duymaya ihtiyacı vardır. Bir çocuğun başkasının yanında egosunu okşamak onu çok değerli ve öz güvenli hissettirir. Sen çocuğuna başkalarının yanında hep hakaret etmişsin, onu sürekli dövmüşsün. Çocukta onur, gurur bırakmamışsın. Şimdi onuru düzeltilmiş bir çocuk olduğu için ruhu iyileşti.

Çocuğunu dinle dedim, çünkü sen her şeyden önce yüreğini kapatmışsın yavruna. Yüreğindeki adaleti kaybetmişsin. Onu hiç anlayamaz duruma gelmişsin. Sen onu anlamadıkça o kendini tamamen kapatmış. Nasıl olsa etiketim belli demiş. Yaramaz, şımarık, sevimsiz, pis... Hiç iyi olmaya çalışmamış. Çünkü onu annesi bile sevmiyormuş. Çocuğun, sevildiğini, dinlendiğini, değer gördüğünü hissettikçe iyileşmeye başladı ve sen çocuğundaki güzellikleri görmeye başladın. Gözlerinizdeki perde kalktı. De get şimdi! Çocuğunu kucakla, sar, sarmala... Asla onu dinlemeden yargılama... Başkalarının yanında küçük duruma düşürme..."

Eğer çocuğunuz

Sürekli bağırarak konuşuyor ve kendini bağırarak ifade ediyorsa siz sakin sakin konuşmayı deneyin. Çünkü genelde sürekli bağırarak konuşan ailelerin çocukları bağırarak konuşur.

Eğer çocuğunuz:

Sorunlarını ağlayarak çözmeye çalışıyorsa onu ağlarken ikna etmeye çalışmak yerine onunla ağlamadığı zamanlarda iletişime geçin ve sakinleştiği zamanlarda daha çok ilgilenin. Çocuğunuz ağladığı için problemi çözerseniz bir dahaki sefere çocuğunuz yine sorunlarını ağlayarak çözmeye çalışacaktır. Çünkü çocuklarımızın hangi davranışı ile ilgileniyorsak ve sorunları çocuk hangi davranışı gösterdikten sonra çözülüyorsa çocuğun o davranışı gösterme olasılığı daha yüksektir.

Eğer çocuğunuz:

Problem davranışlar sergiliyorsa (alt ıslatma, tırnak yeme gibi) onu her zamankinden daha fazla anlamaya çalışın. Çünkü çocuğunuz size şu mesajı veriyor demektir: *"Benim bir sorunum var ve ben bu sorunu nasıl çözeceğimi bilmiyorum. Senin yardımına ve ilgine her zamankinden daha fazla ihtiyacım var."* Bir uzman yardımı almayı ihmal etmeyelim. Çocuğumuza karşı suçlayıcı konuşmalardan ve baskıdan uzak duralım.

Eğer çocuğunuz:

Aşırı saldırgan ise ona karşı her zaman sakin olun ve şefkatle yaklaşın. Onun sakinleşmesi için sizin sabrınıza ihtiyacı var.

Eğer çocuğunuz:

Çok içine kapanıksa ona kendini ispatlaması için imkânlar sunun. Mesela en yetenekli olduğu alanlarda kursa yollayın. Onun kendini ifade edebilmesi için sizin motivasyonunuza ihtiyacı var.

Eğer çocuğunuz:

Oyuncaklarını paylaşmak istemiyorsa onu asla zorlamayın. Onun bu kararına saygı duyun. Ama paylaşmanın güzelliklerini anlatmaktan asla vazgeçmeyin.

Eğer çocuğunuz:

Sürekli çizgi film izliyorsa onunla daha fazla vakit geçirin. Ev veya dünya işlerine biraz ara verin. Çünkü dünya işi bitmez ama çocukluk biter.

Eğer çocuğunuz:

Ödev yapmak istemiyorsa çocuğunuzu ödev yapması konusunda zorlamak yerine geleceğe dair hayaller kurmasını sağlayın. Çünkü hayali olan çocuklar başarılı olur.

Eğer çocuğunuz:

Sürekli sizin yanınızda yatmak istiyorsa onun yatağını zorla ayırmaya çalışmayın. Çünkü bir çocuğun hissedebileceği en kötü duygu *istenmeme ve reddedilme duygusu*dur.

Eğer çocuğunuzun:

Korkuları varsa onda korku oluşturan durumları anlamaya çalışın. Korkuları ile asla dalga geçmeyin. Korktuğu durumlarla zorla karşı karşıya bırakmayın.

Eğer çocuğunuz:

Size sürekli sarılmak istiyorsa siz de ona sarılın. Çünkü çocuğun, ailesi tarafından sevildiğini hissetmesi onun bütün gelişimini destekler. Aile sevgisi ile büyüyen bir çocuk, hayata her zaman sevgi dolu bakar ve bütün zorluklara göğüs gerebilir...

Seni Anlıyorum Anne

Bana hamile olduğunu öğrendiğinde yaşadığın mutluluğu,

Kız mı olacak yoksa erkek mi diye nasıl merak ettiğini,

Ben doğuncaya kadar yaşadığın kaygıları,

Hamileliğinin son aylarında tekmelemelerimden duyduğun rahatsızlığı,

Uykusuz kaldığın gecelerin ve zor günlerin stresini,

Beni ilk kucağına aldığın an, tarifi mümkün olmayan o duyguları,

Yeni doğduğum zaman beni neden her şeyden sakındığını,

Sırf beni emzirmek için çektiğin göğüs acılarına sabrını,

Biri beni kucağına aldığı an ya bana bir zarar gelirse diye duyduğun rahatsızlığı,

İlk ek gıdaya geçerken gösterdiğin hassasiyeti,

İlk adımlarımda ve sözcüklerimde duyduğun sevinci,

Ağzımdan çıkan ilk kelime *"Baba"* olunca neden bozulduğunu,

Emmeyi bıraktırırken, tuvalete alıştırırken, yatağımı ayırırken yaşadığın zorlukları,

Biri bana zarar verdiğinde onu parçalamamak için kendini nasıl zor tuttuğunu,

Bazen gözlerimin içine bakarken gözyaşlarına neden hâkim olamadığını,

Bunaldığında, yorulduğunda çektiğin o derin nefesin sebebini,

Biraz hareketlenip keşiflerimde kendime ve çevreme zarar vermeye başladığımda yaşadığın huzursuzluğu,

İsteklerini reddettiğimde yaşadığın çaresizliği,

Kırdığımda, döktüğümde, bağırdığımda, ağladığımda yaşadığın öfkeyi,

Sabrının bana karşı neden yavaş yavaş tükendiğini,

Sınırlarını zorlayarak bana ilk bağırdığında yaşadığın pişmanlığı,

Ve hatta bana attığın ilk tokadın sende yarattığı yürek acısını,

Durmadan ilişkilerimizin bozulmasında yaşadığın üzüntüyü,

Problem davranışlarımı çözemediğinde bıkmadan yeni çözümler arayışını,

Karşımda çaresiz kaldığında ne yapacağını bilemeyişini,

Başarılı olduğumda yaşadığın gururu başarısız olduğumda neden yaşayamadığını,

İlk günler gösterdiğin hassasiyetin, ben büyüdükçe ve senin hayatını zorlaştırdıkça neden kaybolduğunu,

Her şeyin sebebini, yani *"Seni anlıyorum anne!"*

Hem de küçücük yüreğimle!

Peki, sen beni anlayabiliyor musun?

Tabii ki anlıyorsun!

Çünkü sen annesin!

Beni en iyi sen anlarsın, bundan asla şüphem yok!

Sadece bazen ne yapacağını bilemiyorsun. Hayattaki tek telaşın ben değilim ki! Belki geçim derdin var, belki bir hastalığın! Belki mutsuzsundur, zor bir çocukluk geçirmişsindir mesela! Ya da ne bileyim, çevrende seni üzen bir sürü insan vardır. Kırılmış, üzülmüşsündür! Bu küçük yüreğimle sana diyorum ki: *"Seni anlıyorum annem ama hayatta her telaşe, üzüntü, kırgınlık, mücadele biter. Bunun yanında benim çocukluğum da biter ve bir gün yetişkin olurum. Sen bırak şimdi her şeyi bir kenara! Benim gözlerime baktığında yaşadığın mutluluğa tutun. Küçük bedenimdeki kocaman yüreğimle hep senin yanındayım. Her şeyi bir kenara bırak da seninle geçmişime mutlu hatıralar biriktirelim. Her günümüz günlük gülistanlık olamaz tabii! İlla ki zor günlerimiz olacak! Ama bu zor günleri yüreğimde derin yaralar açarak değil, birbirimize zarar vermeden sevgi, saygı ve sabırla çözümler üreterek geçirelim. Bana sesin yükselebilir, sabrın tükenebilir! Hepsini anlarım ama çektiğin sıkıntıların acısını benden çıkarmanı anlayamam. Ben bir gün büyüdüğümde bu telaşe ve kavga içinde kaybolmuş mutsuz bir çocukluğu değil, sizinle geçirdiğim mutlu çocukluğumu hatırlamak istiyorum. Seni anlıyorum, senin de beni anlamanı bekliyorum...*

Sevgimle kal annem!"

Mükemmel Annelik Diye Bir Şey Yokmuş!

Üç sene lisede çocuk gelişimi, dört sene üniversitede okul öncesi eğitimi okudum. Belki öğretmen olarak çalışamayacaktım ama biliyordum ki mükemmel bir anne olacaktım. Ben bu işin okulunu okumuşum, aksi olabilir mi?

Çocuk gelişimine dair her şeyi yalayıp yutmuşum. Her yaş grubundan çocukla çalışmışım. Yaşım da yirmi dokuz olmuş. Yani yeterli olgunluğa erişmişim. Üstelik çocuğum olduktan sonra sadece mükemmel bir anne değil, eş, iş arkadaşı, bakımlı bir kadın olma konusunda da başarılı olacaktım. Çocuğu olmayan biri olarak bana göre bunu beceremeyen bütün kadınlar beceriksizdi. Hayatlarını doğru şekilde planlayamıyorlardı. Doğumdan sonra kilo almak ve pijamalarla gezmek Türk kadınının geninde vardı. Ama ben asla klasik bir kadın olmayacaktım.

Annem hep derdi ki *"Çok büyük konuşuyorsun. Çocuğun olunca anlarsın. Robot doğurmuyorsun, insan yavrusu o! Bakalım nasıl sürprizlerle gelecek?"* Kendimden o kadar eminim ki *"Bak gör, hayatım nasıl mükemmel olmaya devam edecek ve ben mükemmel bir anne olup harika bir çocuk yetiştireceğim."* derdim.

Neyin kafasını yaşıyordum acaba? O aralar sürekli yürek yiyordum galiba!

Daha hamilelikle birlikte söylediğim her şeyi yutmaya başladım. Diyetime dikkat edecektim ve doğumdan sonra fazla birkaç kilom olacaktı. Ben de onları hemen verecektim. Hamilelik boyunca hedefim 13 kilo almaktı ama ben 25 kilo aldım. Doğumdan sonra bana kalan ne birkaç kilosu, tam 17 kilo oldu. Ama hâlâ burnumdan kıl aldırmıyorum. Başıma geleceklerden habersiz *"Olabilir, hemen vereceğim. Kim korkar 17 kilodan?"* dedim.

Daha doğumdan çıkar çıkmaz kocaman kocaman konuşmaya devam ettim. *"Asla ikinci çocuğu doğurmayacağım. Bir kadın bir kere doğurur da ikinciyi nasıl doğurur? Çılgın bunların hepsi."* Çünkü doğum aşaması çok sıkıntılı geçti ve ben çok ciddi acılar yaşadım. Ebemiz bana büyük konuşma dediğinde *"Bu kadar acının üstüne asla doğurmam."* dedim. Bu lafı söyledikten dokuz ay sonra hamileydim. On sekiz ay sonra da ikinci çocuğumu kucağıma aldım.

Doğumdan sonra hızla kilo verecektim ve ilk bir yıl içinde ideal kiloma dönecektim. Bir yılın sonuna doğru diyet yapmaya anca karar verip, karar verdiğim anda da hamile olduğumu öğrenip yeniden bir 25 kilo daha aldım. İkinci doğumdan sonra verilecek kilo 25'e çıktı.

Çocuğuma asla emzik vermeyecek, sürekli kucağımda taşımayacaktım. Buldumcuk olup kucağımdan hiç indirmedim ve doğduktan üç gün sonra emzik verdim. Bilmiyordum ki gaz sancısı diye bir şey varmış. Çocuğu beş dakika bile rahatlatabilmek için her yol denenirmiş. İşte tam bu günlerde emzik ile tanışıp onu kurtarıcı ilan ettim.

Ayağıma alıp asla sallamayacaktım. Ama planda olmayan ikinci bebekten sonra Kerem'i hep ayağıma alıp salladım. Üstelik bunu çocuk kendi kendine uyuyabilirken yaptım. Çünkü gündüzleri onun başında uyuyuncaya kadar bekleyemiyordum.

Televizyon karşısında yemek yedirmek mi? Asla bunu yapmayacaktım. Evet, Kerem'de başardım bu söylediğimi ama bilmiyordum ki ağzına yemek saatinde kocaman bir kilit takacak Yiğit adında bir çocuğum olacak. Bildiği her şeyi unutup çocuğuna yemek yedirmek için her yolu denerken, kendimi televizyon karşısında Yiğit'e yemek yedirirken buldum.

Hep organik besleyecektim. Paketli hiçbir gıdayı asla vermeyecektim. Ama öyle olmuyormuş. Çocukların meğerse paketli gıdalara büyük bir zaafı varmış. Bir buçuk yaşındayken karşısında çikolata yiyen çocuğa büyük bir özenti ile bakan çocuğuma kıyamayıp çikolatayı eline ilk veren de ben oldum.

İki yaşından sonra yanıma yatırmam deyip odalarına alıştırdıktan iki yıl sonra biri dört buçuk diğeri üç yaşındayken yanlarında yatan o kişi yine benim. Çocuğumun benim dışımda başkalarından da özellikle arkadaşlarından etkilenebileceğini tam bu zamanlarda öğrendim. Arkadaşları tarafından hayalet resimleri gösterilerek çocuğumun korkutulacağını nereden bilebilirdim? Demek ki çocuğumun gelişimi ve eğitimi sadece benim kontrolümde değilmiş. Akran öğrenmesi diye bir şey varmış.

Çok bakımlı bir kadın olacaktım, değil mi? Kusmuk en orijinal parfüm kokum, saçları tepeden toplamak en trend saç modelim, üstüme giydiğim en şık kıyafetim sabahlığım oldu.

Çocuğuma asla televizyon seyrettirmeyeceğim derken Allah duamı Kerem'de kabul etmiş ki üç yaşına kadar asla izlemedi. *"Oğlum ne olur on dakika televizyon izle, bir duş alayım."* diye çocuğuma yalvarırken bulduğum kişi yine benim.

Çocuğumu asla şımartmayacak, problemlerle hiç karşılaşmayacaktım. Aklınıza gelebilecek her türlü sorunu yaşadık; alt ıslatma, tırnak yeme, sümük yeme, küfür öğrenme, hayaletlerden korkma! Yapmam dediğim her şeyi de yaptım.

Evet, okuduğum okullar işte bu sorunları çözerken faydalı oldu. Ama mükemmel anne olma hayalim bana bazen üç beden geniş bazen de üç beden dar geldi. Anlayacağınız mükemmel annelik beni ıskaladı.

Mükemmel annelik diye bir şey yokmuş. Anne olmak diye bir şey varmış. Sen çocuğunu kendi kalıbına sığdıramıyorsun. Çünkü annemin de dediği gibi makine değil, kendine has özellikleri olan insan yavrusu doğuruyormuşsun.

En son prensiplerimin hepsini aldım, doldurdum çöp poşetine. Bir daha açılmasın diye ağzını da sıkıca bağladım. Sonra çöp kutusuna fıydırdım gitti.

Anladım ki mükemmel olmaya çalışmak yerine normal olmaya çalışmak gerekiyormuş. Çocuğunu kendi kalıbına sokmak yerine birlikte yeni bir kalıp oluşturmak gerekiyormuş. Çocuk asla planlanabilen bir şey değilmiş. O kadar koşturmaca içinde küçük bebekle çok bakımlı olmak için yanında çalışan bir yardımcıya ihtiyaç varmış.

Mükemmel olmaktan vazgeçince hayatım ve psikolojim normale girmeye başladı. Çünkü mükemmel olmaya çalışırken hiçbir işe yetişemezsiniz, hep kendinizi yetersizlikle suçlarsınız. Ben de tam bunu yaptım. Mükemmel yapmaya çalışırken hiçbir şey yapamadım. Yapamadığım her şey için kendimi suçladım. Ben başaramıyordum, ben beceremiyordum. Bu psikoloji insanı inanılmaz dibe çekiyor.

Bir gün çokbilmişlik yapmayı bıraktım, mükemmel değil ama mutlu bir anne oldum. Mutlu bir annenin de mutlu çocukları oluyor. Her şey olduğu kadar artık hayatımda. Çocuklarımın istedikleri her şeyi gerektiği kadar yapmalarına hep izin verdim. Ne kadar engel konulursa çocuk o kadar düşman oluyor aileye.

Mükemmel anne baba olmak, her şeyin mükemmelini yedirmek, içirmek, giydirmek, almak değilmiş. Çocuğunu anlamak, dinlemek, ona değer vermek, vaktini ayırmakmış. Sabır, emek, sevgi, saygıymış. Kaç çocuğun varsa ona göre şekil almakmış. Çocuklarının ihtiyaçlarına göre hareket etmekmiş.

Bir anne modeli yeterli olmuyormuş. Eğer iki çocuğun varsa iki faklı anne olman gerekiyormuş. Çünkü ikisinin de istekleri, ilgi alanları çok farklıymış. İkisine de aynı şekilde yaklaşırsan tren raydan çıkıyormuş. Çocuklarınla çok inatlaşınca, gereğinden fazla kural koyunca ilişkiler bozuluyormuş.

Mevzu çocuksa koyduğun kuralları gerektiğinde esnetmen gerekiyormuş. Mesela yemek saatinde sokakta oyun oynayan çocuk zorla içeri sokulmayıp, dışarı bir tencere çorba götürüp arkadaşları ile piknik yapılması gerekiyormuş.

Neyi anladım biliyor musunuz? En iyi eğitimleri verin, en elit çevreye sahip olun, her istediğini anında yapın, kurallar çerçevesinde yaşayın ama çocuğunuz ile eğlenceli vakit geçiremeyip sevgi, saygı ve sabır gösteremiyorsanız hepsi boşmuş.

Çocuğa izlediği televizyondan, yediği zararlı yiyeceklerden, kirli ellerini ağzına sokmasından, aç kalmasından daha çok zarar verecek olan şey sevgisiz bir anne ve babaya sahip olmasıymış. Her şey aşılırmış ama sevgisizlik aşılmazmış.

Şimdi daha ana sınıfına gidiyorlar. Biliyorum ilkokula başladıkları an birçok istemediğim şey öğrenecekler. Ama anladım ki hayatın içinde hepsi varmış. Kavgayı, küfür etmeyi siz öğretmeseniz de dışarıda başkaları öğretebiliyormuş. Bunların hepsi her annenin başına gelebilirmiş.

Şimdi *"Asla!"* demiyorum. Böyle bir şey benim de başıma gelebilir. *"En sağlıklı şekilde nasıl çözerim?"* diyorum.

Elimden gelen her vakti birlikte geçirmeye çalışıyorum. Ama onunla ilgilenmediğim anlar kendimi suçlamıyorum. Eksik hissetmiyorum. Çünkü biliyorum ki sadece bir anne değilim. Bir kocanın eşiyim, bir anne ve babanın yavrusuyum, onlarca öğrencinin öğretmeniyim, bir evin hanımıyım...

Sorumluluğum sadece çocuğumla ilgilenmek değil. Vaktinin 24 saatini çocuğuna ayırmak insanı mükemmel yapmıyor. Çocukların tek başlarına vakit geçirmelerine, canlarının sıkılmalarına, sizin işiniz varken beklemelerine fırsat vermek gerekir. Buna fırsat vermezseniz çocuk haz duygusunu ertelemeyi bilemez. İstediği her şeyi anında gerçekleşsin ve onunla ilgilenen hep biri olsun ister. Sabırsız ve tahammülsüz bir çocuk olur.

Evim hep dağınık, aynalarım da hep parmak izi, her yer oyuncak! Toplamayı bırakalı uzun zaman oldu. Çünkü evime ve temizliğe ayırdığım vakti çocuklarıma ve kendime ayırıyorum... Önce kendimi mutlu edecek şeyler yapıyorum. Çünkü ben mutlu olunca eşim ve çocuklarım da mutlu oluyor.

Mükemmel bir anne değilim ama mutlu bir anneyim...

Mükemmel değil, *ANNE* olalım yeter.

Son Söz

S*eni Anlıyorum Çocuk* kitabımı okuyan birçok okuyucu, *"Dilek Hanım, keşke 'Seni Anlıyorum Anne' kitabını da yazsanız."* diye mesaj attı. Sizi dinledim, *"Seni Anlıyorum Anne"* dedim, ilk kitabın devamı niteliğinde sorunlarınıza çözüm önerileri olacak bu kitabı yazdım. Kitabın başlığını siz koydunuz yani. Umarım sizi anlayıp sorunlarınıza çözüm önerileri sunabilmişimdir.

Bu kitabı sizin bana instagram hesabımdan en çok sorduğunuz sorulardan ve sayfada paylaşıp da bunu mutlaka ikinci kitabınıza alın, insanların elinin altında olsun dediğiniz konulardan yola çıkarak yazdım.

Ve ortaya böyle bir eser çıktı.

Beni gönlünüze ve evinize misafir ettiğiniz için çok teşekkür ederim...

* * *

Geldik bir kitabın daha sonuna...

Sen, Sevgili Okuyucu,

Eğer şu an bu cümleleri okuyorsan ben önce sana teşekkür etmek istiyorum. Düşüncelerime değer verip kitabımı sonuna kadar okuduğun için.

Eğer yüreğinde çocuğun ile olan ilişkilerine ve hayatına dair ufak da olsa bir ışık yakabildiysem ne mutlu bana.

Bir çocuğun bile hayatına dokunabilmeyi başarabildiysem eğer bu işin en güzel mükâfatını aldım demektir.

Sonra sen, Sevgili Eşim,

Bu kitabı yazabilmem için çocuklar gece uyuduktan sonra sırf bana iş kalmasın diye aylardır ev işlerini yapıyorsun. Bu kitap üzerinde en az benim kadar senin de hakkın var. Sen benim üzerimden gerekli yükleri almasaydın şu an bu kitap da olmazdı. Arkamda büyük bir dayanak olduğun için.

Ve en son sevgili dostum Dilek AYDEMİR,

Bıkmadan usanmadan, sırf ben bu kitabı yazabileyim diye hayatımla ilgili birçok sorumluluğu üstüne alarak bana alanlar açtığın için ve hayatımın her anını kolaylaştırdığın için.

ÇOOOOK TEŞEKKÜR EDİYORUM...

☺ Uyku Panosu ☺

	Dişlerimi fırçalarım.	Pijamalarımı giyerim.	Aileme iyi geceler dilerim.	Saat 21.00'de odama giderim.	Yatağımda tek başıma yatarım.	
	Dişlerimi fırçalarım.	Pijamalarımı giyerim.	Aileme iyi geceler dilerim.	Saat 21.00'de odama giderim.	Yatağımda tek başıma yatarım.	
	Dişlerimi fırçalarım.	Pijamalarımı giyerim.	Aileme iyi geceler dilerim.	Saat 21.00'de odama giderim.	Yatağımda tek başıma yatarım.	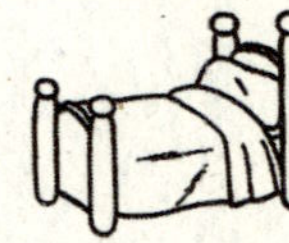
	Dişlerimi fırçalarım.	Pijamalarımı giyerim.	Aileme iyi geceler dilerim.	Saat 21.00'de odama giderim.	Yatağımda tek başıma yatarım.	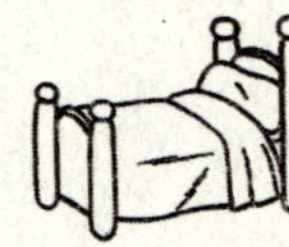
	Dişlerimi fırçalarım.	Pijamalarımı giyerim.	Aileme iyi geceler dilerim.	Saat 21.00'de odama giderim.	Yatağımda tek başıma yatarım.	

Yukarıdaki resmi dilediğiniz renklerle boyadıktan sonra makas yardımıyla kesiniz. Dairelerin içerisini çıkarıp yandaki örnekte görüldüğü şekilde parmaklarınıza takarak kuklayı oynatınız.

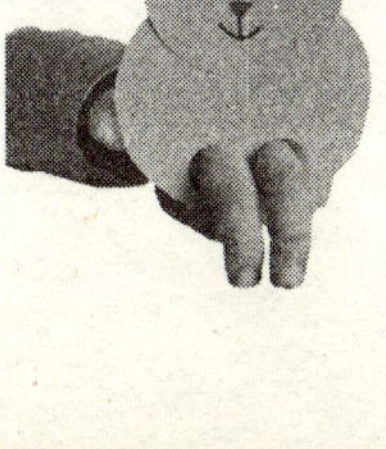

Yukarıdaki resmi dilediğiniz renklerle boyadıktan sonra makas yardımıyla kesiniz. Dairelerin içerisini çıkarıp yandaki örnekte görüldüğü şekilde parmaklarınıza takarak kuklayı oynatınız.

Yukarıdaki resmi dilediğiniz renklerle boyadıktan sonra makas yardımıyla kesiniz. Dairelerin içerisini çıkarıp yandaki örnekte görüldüğü şekilde parmaklarınıza takarak kuklayı oynatınız.